Dem Missionspapst Pius XI. zu seinem
100. Thronjubiläum in tiefer Verehrung
gewidmet.

Bibliografische Information der Deutschen Na-
tionalbibliothek: Die Deutsche Nationalbiblio-
thek verzeichnet diese Publikation in der Deutschen Nationalbibliografie; detaillierte
bibliografische Daten sind im Internet
über dnb.dnb.de abrufbar.
© 2022 Konstantin Stäbler
Herstellung und Verlag: BoD – Books on De-
mand, Norderstedt.
   ISBN: 9783756208395

Pax Christi in Regno Christi

Der Missionspapst Pius XI.

von Konstantin Stäbler

Inhalt

Vorwort

Dieses Jahr jährt sich die Wahl Papst Pius' XI. zum einhundertsten Mal. Im Verlauf von wenigen, aber bewegten Jahren war Achille Ratti vom vatikanischen Diplomaten in Polen zum Erzbischof von Mailand, einem der wichtigsten Bistümer der Welt, aufgestiegen. Nur etwas über ein halbes Jahr dauerte es, bis er vom Nachfolger des heiligen Ambrosius zu dem des heiligen Petrus wurde. In diesem Buch soll beleuchtet werden, wie Papst Pius XI. mit seinem weltumspannenden Blick die katholischen Missionen nicht nur durch unruhige Zeiten führte, sondern die Kirche auch deutlich sichtbar zu einer Weltkirche machte, indem er einheimische Kleriker zu Bischöfen in den Missionsländern berief. Noch mehr: er sollte durch seine bedeutende Missionsenzyklika *Rerum ecclesiæ* den Missionsbegriff wesentlich vertiefen.

„Die Geschichte wird sich in Zukunft nicht darauf beschränken dürfen, Pius XI. den Papst der Missionen zu nennen. Sie wird ihm feierlich bezeugen müssen, dass er der Papst der größten Missionsentwicklung in den letzten Jahrhunderten war" – zu diesem Schluss kam Kardinal Salotti bereits im Jahr 1932. Möge dieses Buch dazu beitragen, dass das Wirken und Lehren des „Missionspapstes" wieder mehr Beachtung findet und zur Nachahmung anregt.

Landsberg am Lech, an der Vigil des hohen Pfingstfestes.

Auf dem Weg zum „Missionspapst": das Jubiläumsjahr 1922

Als Achille Ratti am 6. Februar 1922 als Pius XI. den Stuhl Petri bestieg, fand er nicht nur eine durch den Ersten Weltkrieg vollkommen veränderte politische Situation vor, die katholische Kirche stand auch am Beginn einer neuen Missionsära. Sein Vorgänger Benedikt XV. hatte sich den Titel eines „Missionspapstes" verdient; besonders mit seinem weitsichtigen Apostolischen Schreiben *Maximum illud* vom 30. November 1919, in dem er eine stärkere Förderung geistlicher Berufungen in den Missionen verlangte und beklagte, dass zu wenige einheimische Kleriker bedeutende kirchliche Positionen einnahmen, hat Benedikt die Grundlage für eine einheimische Hierarchie in den Missionsländern geschaffen. Als „Friedenspapst" hob er durch sein umsichtiges, versöhnendes Auftreten während des Krieges und seine werktätige Nächstenliebe das Ansehen des Papsttums auf der ganzen Welt. Nach dem Weltkrieg wirkte Papst Benedikt XV. besonders eifrig für die Missionen. So musste er zum Teil eine weitläufige Umstrukturierung der Missionsgebiete durchführen, da deutschen Glaubensboten nach Ende des Weltkrieges in zahlreichen Ländern der Zutritt versagt war.[1] Trotzdem vermehrte

---

[1] So wurden deutsche Missionäre vollständig der ehemaligen deutschen Kolonien Togo und Kamerun verwiesen. In Indien durften nur Ordensschwestern verbleiben, die deutschen Südseemissionen gingen ebenfalls weitgehend verloren. Der Ersatz dieser Kräfte war zahlenmäßig höchst unbefriedigend. So wurde z. B. die Mission der Steyler in Mosambik mit 15 Priestern, 11 Brüdern und 15 Schwestern von nur

sich die Zahl der katholischen Missionsgebiete. Mit dem Priestermissionsbund schuf er einen Verein, der die Begeisterung des katholischen Klerus für die Missionen fördern sollte.

Papst Pius XI. musste somit in große Fußstapfen treten und stand vor zahlreichen Herausforderungen. Doch der energische Papst nahm sie mutig an. In geringfügig voneinander abweichenden Wortlauten wird aus den ersten Wochen seines Pontifikats berichtet, dass er, angesprochen auf die missionarischen Erfolge seiner direkten Vorgänger bzw. den Titel Benedikts XV. als „Missionspapst", geantwortet hatte: „Auch Wir möchten Missionspapst sein!" oder gar „Unser Vorgänger ist der Missionspapst genannt worden; Wir wollen es noch mehr werden".[2]

In das Jahr seiner Thronbesteigung fiel das 300-jährige Gründungsjubiläum der Kongregation *de Propaganda Fide*[3], der wichtigen Kongregation, die für die Organisation der Glaubensverbreitung auf der Welt verantwortlich ist. Zu diesem Anlass fand auch der erste Weltkongress des Priestermissionsbundes unter Vorsitz des missionsbegeisterten Erzbischofs von Parma, des heiligen Guido Conforti, vom 1. bis 3. Juni 1922 in Rom

---

zwei portugiesischen Weltpriestern übernommen. Besonders P. Väth S.J. betonte, dass es sich bei diesen Ausweisungen um einen erheblichen Eingriff in die Rechte des Papstes handelte. Zahlreiche Priester, Bischöfe und katholische Zeitschriften auf der ganzen Welt protestierten gegen diese Maßregeln der Siegermächte.

[2] Kilger, P. Laurenz O.S.B.: Die vatikanische Missions-Ausstellung 1925. In: Die katholischen Missionen, Xaverius-Verlagsbuchhandlung, Aachen 1925

[3] Heute *Kongregation für die Evangelisierung der Völker*.

statt. Zahlreiche Missionsbischöfe, Missionäre, Vertreter der katholischen Ostkirchen und Missionswissenschaftler waren zu einer dreitägigen Konferenz mit zahlreichen Vorträgen zusammengekommen. Seinen Abschluss fand der Kongress am Vigiltag des Pfingstfestes mit einer Audienz bei Pius XI. in der Sala Regia im Vatikan. Der Papst richtete in einer längeren Ansprache das Wort an die Teilnehmer, und aus den Schilderungen von P. Alfons Väth S.J. geht hervor, wieviel inneren Anteil Pius XI. am Werk der Glaubensverbreitung nahm: „Mit vor Rührung zitternder Stimme spricht er über eine halbe Stunde lang. Zweimal stiehlt sich eine Träne in sein Auge. Feierlich klingen die Worte, wo er die Größe der im Priestermissionsbund verkörperten Idee schildert. Die Ansprache, so schlicht und doch so ergreifend, verdient in ihren Hauptsätzen aufgezeichnet zu werden. Sie galt der Priesterschaft der ganzen Welt."[4] So sagte Pius XI.:

„Alle erstmaligen Veranstaltungen haben etwas Großartiges an sich. Aber der erste Kongress des Priesterbundes ist von einer Größe, die an das Erhabene und Göttliche grenzt; denn erhaben und göttlich ist das Apostolat, dem ihr eure Arbeit und Kraft geweiht. Ihr wollt mit täglich wachsendem Eifer eure Herzen mit dem Apostelgeist entflammen, mit demselben Geist, der am ersten Pfingsttag auf die Apostel ausgegossen wurde und der sie ganze erfüllte, so dass ihnen die Welt für ihre

---

[4] Väth, P. Alfons S.J.: Die Propaganda-Jubiläumsfeiern in Rom. In: Die katholischen Missionen, Herder-Verlagsbuchhandlung, Freiburg 1922

Eroberungen zu klein schien. Ihr wollt diesen Geist allen mitteilen, auf die sich euer Einfluss erstreckt; ihr wollt in euch und in allen andern das Verlangen erwecken, mitzuarbeiten an dem großen Werke unserer verdienten Missionare, und zu diesem Zweck alle in der Kirche eingeführten Werke fördern: die Missionsinstitute, die Werke der Glaubensverbreitung, der heiligen Kindheit, des hl. Petrus, den Verein zum Loskauf der christlichen Sklaven und vor allem die wunderbare Institution der Propaganda-Kongregation, diese lebendige und großartige Verkörperung des Apostel- und Missionsgeistes.

Die Sache der Missionen ist eine Sache von unendlicher Größe und Erhabenheit. Wir stehen in unseren Tagen wieder im furchtbaren Kampf zwischen Tod und Leben, zwischen Licht und Finsternis, zwischen dem Geist des Guten und des Bösen. *Mors et vita duello conflixere mirando!*[5] Es ist ein glorreicher Kampf, in dem wir so viele unserer Brüder wie Helden kämpfen und wie Märtyrer sterben sehen. Wir erblicken die weiten Gefilde, weiß zur Ernte. O wie schmerzlich ist es, die großen Möglichkeiten, die günstigen Gelegenheiten, viele Seelen zu retten, zu betrachten und mitansehen zu müssen, wie so viele Seelen verlorengehen, weil die Mittel mangeln! ...

Das Herz Jesu, das kein brennenderes Verlangen kennt, als Seelen zu retten, muss auf dem Kampffelde wiederholen: *Quæ utilitas in sanguine meo?*[6] Wir fühlen heute die Wahrheit dieses Wortes, wenn wir die

---

[5] „Tod und Leben rangen in wundersamem Zweikampf" (aus der Ostersequenz *Victimæ paschali laudes*).
[6] Ps. 29:10: „Welchen Nutzen hast Du von meinem Blute (...)?"

Statistiken lesen. So viele Schmerzen, so viel Schweiß und Blut des Gottessohnes; so viele Jahrhunderte seit der Erlösung, und noch so viele Millionen Seelen ohne die Früchte des Heiles! ...

Selig seid ihr, die ihr durch eure Mitarbeit am göttlichen Werk des Apostolats euch teilhaftig macht des großen Ruhmes und der unverwelklichen Krone der Glaubensboten. Gesegnet seid ihr und alle, die in eurer Heimat eure Mahnungen befolgen. Wir wollen mit aller Kraft mitarbeiten an diesem Werk. Wir möchten reich sein; Wir beneiden die, die reich sind, weil sie das geben, was Wir zu geben wünschen und nicht geben können. Wenn Wir einen Schmerz im Herzen fühlen, so ist es der, dass Wir den Glaubensboten nicht folgen und ihnen nicht helfen können, so nachhaltig, wie Wir wünschten.

Unser Vorgänger und Vater seligen Andenkens, Benedikt XV., hat in seinem wunderbaren Rundschreiben *Maximum illud* den Wunsch ausgesprochen, dass der Priestermissionsbund in jeder Diözese errichtet werde. Wir, die Wir den Bund schon in vielen Diözesen des Erdkreises an der Arbeit sehen und seine würdigen Vertreter mit so großer Freude heute begrüßen, möchten noch weiter gehen und sagen: Es ist Unser Wunsch, dass es keine Pfarrei irgendeiner Diözese gibt, wo dieser Bund nicht besteht, und dass es keinen Priester gibt, der nicht in den Reihen des glorreichen Bundesheeres steht. Euch tragen Wir auf, überall diesen glühenden Wunsch Unseres Vaterherzens bekannt zu geben.

Wir möchten noch einen anderen Gedanken hervorheben, wie sich die Vorsehung bezüglich dieses Bundes

so wunderbar offenbart. Wir möchten hinweisen auf die
großen geistlichen Vorteile, die den Mitgliedern zuströ-
men. Wir verdienen uns nicht nur den Ruhm, mit so vielen heiligen Bekennern und Märtyrern mitzuarbeiten; es
wird uns nicht nur die innere Genugtuung [zuteil], dass
wir so viel Gutes für die Seelen wirken: wir werden vor
allem selbst geheiligt, wenn wir in der Ausübung des heiligen Dienstes besondere Aufmerksamkeit dem Werke
schenken, das seiner Natur nach so unmittelbar und in
so hohem Maße heiligend wirkt. Das Einerlei der un-
scheinbaren Seelsorgsarbeiten bringt die Gefahr mit
sich, dass der Wille zum standhaften Ausharren erlahme
und der Eifer erkalte. Aber wie erhebt sich der Geist des
Priesters, wie gewinnt er seine Spannkraft wieder, wenn
er erfüllt ist von dem großen Gedanken der geistigen Er-
oberung und des Missionsapostolats, das die glor-
reichste und glänzendste Tätigkeit der Kirche nach au-
ßen ist! Der einzige Gedanke, dem Heldengeschlecht
unserer Brüder anzugehören, die für die Sache der
Wahrheit, für den Triumph der Gerechtigkeit, für die
Rettung der mit dem Erlöserblut erkauften Seelen ein
ständiges Opferleben führen und an der Front uner-
schrocken die Kämpfe des Glaubens kämpfen, spornt
uns an, uns auf unserem Posten solchen Heldentums
würdig zu zeigen. Möge der Heilige Geist uns die Schön-
heit, den Ruhm, das Verdienst und die heiligenden

Wirkungen dieses großen Werkes innerlich fühlen und verkosten lassen!"[7]

Bereits in den drei Tagen vor Pfingsten war ein Missionstriduum in der römischen Theatinerkirche Sant' Andrea della Valle gefeiert worden, wo in den drei Abendandachten Kardinal Camillo Laurenti, ehemaliger Mitarbeiter der Kongregation de Propaganda Fide, Kardinal Pietro Maffi, Erzbischof von Pisa, und der spätere Erzbischof von Perugia, Giovanni Battista Rosa, predigten.

Am Pfingstsonntag, dem 4. Juni 1922, predigte Papst Pius XI. selbst bei der feierlichen Papstmesse im Petersdom vor einer großen Zahl an kirchlichen und weltlichen Würdenträgern und Gläubigen über die Bedeutung der Propagandakongregation und fuhr aneifernd fort:

„Wenn Unsere Dankbarkeit gegen Gott und all die edlen Seelen, die das Werkzeug seiner Gnade waren und sind, keine Grenzen kennt, anders Unsere Freude. Ehrwürdige Brüder und teuerste Söhne! Viel ist getan, viel ist erreicht, viele Seelen sind gerettet, viel Ehre ist Gott gegeben. Aber wie viele Seelen gehen noch zu Grunde, für wie viele ist das Blut des Erlösers vergebens geflossen! Dichte Völkermassen, im schwarzen Erdteil wie in den unermesslichen Gebieten Indiens und Chinas, warten immer noch auf das Wort des Heiles.

Die Glaubensboten der Propaganda mit ihren Führern, den Bischöfen, und mit ihren Gehilfen, den

---

[7] Väth, P. Alfons S.J.: Die Propaganda-Jubiläumsfeiern in Rom. In: Die katholischen Missionen, Herder-Verlagsbuchhandlung, Freiburg 1922

Katechisten, die Angehörigen der Orden und die geweihten Jungfrauen, das ganze heilige Gottesheer steht dort auf dem Plane, diesen Menschenmassen gegenüber; aber die Zahl der Arbeiter ist unzureichend und die Mittel mangelnd. Bedenket! Sie stehen dort, des Sieges gewiss und bereit, das Leben dafür hinzugeben; aber die Waffen fehlen, es fehlen die Mittel, und die herrliche Schar ist gezwungen, halt zu machen.

Unterdessen eilen andere auf das Feld, das ihnen nicht gehört, und sie sind nicht Herolde der Wahrheit. Es ist ein schmerzlicher Anblick. Dieser Schmerz hat das Herz Unseres verehrten Vorgängers und Vaters in Christo (Papst Benedikt XV.) gequält und immer wieder seine Gedanken dem Werk der Heidenbekehrung zugewandt. Die ganze Welt rief er zur Unterstützung der so unermesslichen Segen stiftenden Missionswerke auf. Heute wollte er hier erscheinen. Von diesem Ort aus wollte er das Wort an die ganze Welt richten und jedes Christenherz zu Hilfe rufen.

Ehrwürdige Brüder und geliebte Söhne! Es geschieht auch im Namen dieses von Uns und euch so hochverehrten Vaters, wenn Wir Uns an euch wenden und von dieser hohen Warte an die ganze Welt den Ruf ergehen lassen, getreu zusammenzustehen. Das herrliche Schauspiel, das Uns das katholische Apostolat bietet, lässt Uns heute mehr als je empfinden, dass Wir, wiewohl unwürdig, die Stelle dessen vertreten, der Sein Blut für die Seelen gab.

Heute fühlen Wir tiefer als je den Herzschlag der allumfassenden Vaterschaft, zu der Gott Uns berief. Möge er darum Uns die Gnade verleihen, was uns noch an Leben und Arbeitskraft verbleibt, für das Heil so vieler Seelen hinzugeben, die der Heilsbotschaft noch harren. Möge die Welt Unsern Ruf vernehmen! Mögen alle den Seelen zu Hilfe eilen, die Christus erkauft hat, die aber dennoch im Irrtum und in der Barbarei zu Grund gehen ...

Dass auch nur eine einzige Seele durch unsere Saumseligkeit, durch unsern Mangel an Edelmut verloren geht, dass auch nur ein einziger Glaubensbote haltmachen muss, weil ihm die Mittel mangeln, die wir ihm verschaffen könnten, ist eine große Verantwortlichkeit, der wir im Laufe unseres Lebens wohl nicht oft genug gedacht haben.

Wer wir auch sein mögen, in größerem oder geringerem Maße haben wir täglich die Wohltaten der Religion genossen. Von der Wiege auf hat das Zeichen des Glaubens die Tage unseres Lebens erhellt. Seit unseren Kinderjahren durften wir uns an den göttlichen Tisch setzen und am himmlischen Gastmahl teilnehmen.

Wie oft haben wir in stillen Augenblicken in dankbarer Erinnerung diese Wohltaten erwogen, die Gottes Hand über uns ausgestreut? Und was war die Folge solchen Nachdenkens? Werden wir etwa vor Gottes Richterstuhl treten, ohne ihm für die so reichlich verliehenen Wohltaten gedankt zu haben?

Wir selbst fühlen der letzte der Gläubigen kann und muss sich immer wieder sagen: Wie soll ich dem Herrn vergelten für alles, was er an mir getan? Hier bietet sich eine Gelegenheit, günstig wie keine andere.

Zum Dank für den Glauben, den wir von Gott empfingen, wollen wir anderen Seelen den Glauben einpflanzen helfen. Mit den Gnadenschätzen, mit denen Gott uns überhäufte, wollen wir aus allen Kräften mitwirken, damit diese Schätze so weit als möglich, zu allen Geschöpfen des lieben Gottes getragen werden.

Das verlangt heute von euch, von allen seinen Kindern der Statthalter Christi. Darum zögert er nicht, von dieser Höhe allen die Hand entgegenzustrecken, alle um Hilfe, Beistand, Beisteuer zu bitten.

Als Ausdruck der Dankbarkeit steige jetzt auf euch, ehrwürdige Brüder und geliebte Söhne, und auf alle Unsere Söhne in der Ferne der apostolische Segen hernieder.

Er steige herab auf die Bekenner des Glaubens, die gegenwärtig an der Front gegen Irrtum und Barbarei den Kampf der Wahrheit und des Guten kämpfen.

Er steige herab auf alle, die ihnen hilfreich die Hand reichen.

Er steige herab auf jene auserwählten Ordensfrauen, die sich aus dem Schweigen des Klosters beherzt in den heiligen Streit geworfen haben.

Er steige herab auf die Erstlinge des einheimischen Priestertums, auf denen Unsere Hoffnung ruht.

Er steige herab auf alle, die großmütig dem heiligen Werk der Glaubensverbreitung ihre Hilfe leihen, das gerade jetzt, an diesem dreihundertjährigen Gedenktag, in großherziger Gesinnung, die treuer und edler erstgeborener Kinder wahrhaft würdig ist, sich enger an den Apostolischen Stuhl angeschlossen und sich der Hand des Statthalters Christi genähert hat, um seine kostbare Beisteuer immer reichlicher und bereitwilliger darzubieten.

Er steige herab auf das unaussprechlich schöne Werk der heiligen Kindheit, das so viele auserwählte Lilien dem göttlichen Lamm getragen hat und trägt.

Er steige herab auf alle Unternehmungen, die der von der Vorsehung erwählten Kongregation der Propaganda zu Hilfe kommen, vor allem auf den Priestermissionsbund, der sich mit so viel Frucht verbreitet.

Möge sich der Missionsgeist heute in den Herzen aller Priester entzünden! Möge er alle Gläubigen entflammen und für das heilige, das göttliche Werk gewinnen!

Möge endlich dieser Segen, zum Gebet geworden, wieder emporsteigen zum Thron Gottes und dort das Flehen wiederholen, das der Geist Gottes gerade in diesen Tagen auf die Lippen und in das Herz seiner Kirche legte: Dass du alle Irrenden zur Einheit der Kirche zurückrufen und alle Ungläubigen zum Licht des Evangeliums führen wollest: Wir bitten dich, erhöre uns![8]"[9]

Diese Predigt war der erste große Ausdruck der Missionsbegeisterung Pius' XI., mit der er sich an alle Stände der Kirche wendete. Und es war nicht nur eine anfängliche Begeisterung des neugewählten Papstes, es war, wie sich im Laufe dieses Buches zeigen wird, vielmehr eine programmatische Rede, der zahlreiche weitreichende Taten folgen sollten.

---

[8] Diese Fürbitte hatte Pius XI. auf Bitten der Propagandakongregation im März 1922 zur Allerheiligenlitanei hinzugefügt.
[9] Ebd.

Die Vatikanische Missionsausstellung 1925

Noch im Jahr des Propagandajubiläums hatte der französische Jesuitenmissionar Charles du Coëtlosquet die Idee, verschiedene Gegenstände und Geschenke aus den Missionen auf Madagaskar nach Rom zu senden, um so die Dankbarkeit gegenüber dem Heiligen Stuhl zum Ausdruck zu bringen und gleichzeitig die Grundlage für ein Missionsmuseum zu schaffen. Er äußerte diesen Gedanken gegenüber seinem Bruder Abt Édouard O.S.B. in San Anselmo in Rom. Dieser trug sie dem neugewählten Pius XI. vor. Der Papst nahm die Idee dankbar auf, wollte aber den Umfang einer solchen Ausstellung deutlich erweitern und sah die Umsetzung für das Heilige Jahr 1925 vor, in dem viele Pilger nach Rom kommen würden, die dann bei dieser Gelegenheit auch das neue päpstliche Missionsmuseum besuchen konnten. Zudem sollte Missionsliteratur zusammengetragen werden, die den Grundstock für eine vatikanische Missionsbibliothek bilden sollte.

Der Papst beauftragte den Kardinalpräfekten der Propaganda, Willem van Rossum C.Ss.R., mit der Ausführung des Plans. Bald ergingen Rundschreiben an die Missionsoberen, sich an der Ausstellung zu beteiligen, und es wurde das *Comitato Direttivo* aufgestellt, das leitende Komitee, dem der Sekretär der Propaganda, Msgr. Marchetti Selvaggiani, vorstand. Für den inhaltlichen Aufbau verantwortlich waren P. Dr. Wilhelm Schmidt S.V.D., der weltbekannte Ethnologe und Schriftleiter der

Zeitschrift *Anthropos*, der vormals am meteorologischen Observatorium von Manila tätige P. Ricardo Cirera S.J. und der ehemalige Chinamissionar P. Noel Gubbels O.F.M. Bibliothekar der Missionsausstellung wurde P. Robert Streit O.M.I., der Schriftleiter der *Biblioteca Missionum*.

Im Laufe des Jahres 1924 wurden in den Vatikanischen Gärten Ausstellungshallen errichtet; im November begann die Aufstellung der Exponate aus insgesamt 187 Missionsgebieten und von 55 verschiedenen Orden und Missionsgesellschaften.[10]

Am 21. Dezember 1924, dem Fest des hl. Apostels Thomas, fand die feierliche Eröffnung durch den Papst unter großer Anteilnahme von kirchlichen und weltlichen Würdenträgern statt. Nach der Rede von Kardinal van Rossum ergriff Pius XI. das Wort, schilderte zunächst, wie er die Eröffnung der Ausstellung „herbeigesehnt" hatte und erklärte anschließend seine Beweggründe für das umfangreiche Projekt:

„Wir haben sie [die Ausstellung] gewollt – so wie Gott sie Uns eingab – vor allem zur Ehre und Verherrlichung Gottes, unseres himmlischen Vaters, dessen Namen, Herrschaft und Ruhm die Missionen immer weiter, weiter an die Grenzen der Erde tragen. Wir haben sie gewollt zur Ehre und Verherrlichung unseres Herrn Jesus Christus, der durch das Missionswerk täglich mehr erkannt und geliebt wird und den Menschen sein kostbares göttliches Blut und die Früchte seiner Erlösung

---

[10] Kilger: Die vatikanische Missions-Ausstellung 1925. a.a.O.

zuwendet. Wir haben sie gewollt zur Ehre der heiligen römischen Kirche, dieser allgemeinen Mutter der Menschen, die durch die Missionäre und Missionen ihre mütterlichen Arme immer weiter, weiter ausbreitet, bis sie alle Völker umfangen wird.

Wir haben die Ausstellung ins Leben gerufen zur Ehre Unserer heiligen Kongregation de Propaganda Fide, dieser wunderbaren Einrichtung, die der katholischen Kirche und des Heiligen Stuhles Auge, Arm, Sinn und Herz ist beim herrlichen Werke der Mission.

Wir haben die Ausstellung gewollt zunächst zur Ehre Gottes, dann aber an erster Stelle, um Unsere Liebe und Verehrung für jene Streiter zu zeigen, die auf den Spuren so vieler Vorgänger auf die schwierigsten und mühevollsten Posten ausgezogen sind. Wir weihen die Ausstellung jenen Scharen, die an der Front stehen im Kampf für Glauben, Wahrheit, Religion und Gesittung, und die täglich die schönsten, verdienstreichsten und heiligsten Schlachten schlagen. Unsere Gedanken eilen in diesem Augenblick zu ihnen hinaus, und Wir bitten die Engel der Missionen und die Schutzengel der Missionäre, sie mögen diese Streiter, wo immer sie sind und für Religion und Glauben arbeiten, die Weihe und Ehre dieses feierlichen Augenblickes verkosten zu lassen, sie mögen ihnen zu fühlen geben, dass Unser Vaterherz mit ihnen ist und dass Ihr alle, Hochwürdigste Kardinäle und geliebteste Söhne, mit dem Herzen bei ihnen seid, dass sie selbst hier mitten unter uns weilen, und dass diese schöne, ehrenvolle Stunde in besonderer Weise ihnen gewidmet ist.

Wir haben die Ausstellung ins Leben gerufen auch aus praktischen Absichten, praktisch im höchsten und heiligsten Sinn. Wir wollen, dass die Missionen selbst und alle, die als Missionäre, Obere, Werkführer und Leiter an denselben beteiligt sind, hier in übersichtlichem Bilde ihr ungeheures Arbeitsgebiet wie mit einem Blick überschauen könnten. So werden sie leichter und fast auf einen Schlag die eingesetzten Kräfte und die erlangten Ergebnisse in ihrer ganzen ungeheuren Ausdehnung und Mannigfaltigkeit klarer und vollständiger überschauen und erkennen können. Daraus mögen sie dann nicht bloß die wohlverdiente Genugtuung schöpfen, die ihrer heldenmütigen und oft wahrhaft heroischen Hingebung mit Recht gebührt, sondern beim Anblick dessen, was getan und erreicht ist, soll ihnen ganz von selbst klar und deutlich erscheinen, was in Zukunft noch geleistet werden muss. Am Anblick dessen, was noch vor uns, ferner, weiter, höher liegt, soll der Eifer sich immer mehr entflammen, und der heilige Dienst sich immer mehr beflügeln.

Wir wollten das wunderbare Gesamtbild der Missionen, dieses wahrhaft göttlichen Werkes, unter ein einziges Licht rücken, damit nicht bloß die Pracht seiner Vollendung, sondern gleichzeitig auch seine geheimsten Bedürfnisse offenbar würden. Darum war es Unser Wunsch, dass der wissenschaftliche Teil, Missionsgeografie, Missionsethnographie, Missionsmedizin, Missionsschrifttum eine hervorragende Stelle einnehme. Die großen richtungsweisenden Normen der praktischen Arbeit kommen ja immer aus dem Reich der Ideen, und wir leben heute in einer Zeit, in der wie niemals früher offenbar wird, dass aller Heroismus und alle Opfer, die das Missionswerk begleiten, nicht genügen, wenn lediglich das praktische Experiment maßgebend ist. Um wirklich die ganze Frucht der Arbeit und der Opfer zu ernten, muss die Wissenschaft zu Hilfe kommen, den Pfad erleuchten, die geradesten Wege weisen und die nützlichsten Winke geben. Wir sehen dasselbe bei der Industrie, dem Handel und den anderen Erscheinungen des praktischen und materiellen Lebens. Die Missionen können und dürfen sich dieser für unsere Zeit charakteristischen Forderung nicht entziehen.

Wir haben die Ausstellung ins Leben gerufen, weil Wir auf heilige Art die herrliche Gelegenheit des heiligen Jahres ausnützen wollen. Das Jubiläumsjahr wird sicher Unsere guten Kinder aus allen Weltteilen in zahlreichen und dichtgedrängten Scharen um Unser Vaterherz versammeln. So wollten Wir ihnen nicht bloß für Auge, Herz, Verstand und Glauben dieses wahre Fest bereiten, sondern ihnen auch etwas sehr Erhabenes zu erwägen geben. Alle Jubiläumspilger werden das gewaltige Missionswerk wie in einem Blick überschauen, sie werden seine Größe fühlen, seine Ausdehnung ermessen, seine Bedeutung in den Augen Gottes und der Völker ahnen. Wie in einem aufgeschlagenen Buche werden sie die schönen Blätter lesen, auf denen die Missionen die Geschichte der Gesittung und Bekehrung eben aufzeichnen, oft genug aufzeichnen mit dem Blute wirklicher Martyrer. In diesen schönen Blättern werden sie wahrhaft und im eigentlichen Sinne vereinigt sehen die Taten der Apostel, die Berichte der Evangelien, das Wort und Blut Jesu Christi, das sich immer weiter in der Welt ausbreitet. Wenn die Pilger dieses alles schauen, entzündet sich Herz und Gemüt mit einer Liebe, die stärker und tatkräftiger dem großen Werke der Weltmission zu Hilfe kommt. Zwar können Wir für das, was die Gläubigen leisten und an herrlicher Unterstützung von allen Seiten her anbieten, Gott nie genug danken, aber das Missionswerk wird immer mannigfacher und ausgedehnter, und die Predigt schreitet immer weiter fort. Je mehr sich nun der Bereich der Wahrheit ausdehnt, umso mehr muss sich auch der Bereich der Liebe erweitern. Die Wahrheit hat an der Liebe eine Mitarbeiterin und Helferin, die niemals zu entbehren oder zu ersetzen ist.

Ja, Mitarbeit und Hilfe verlangen Wir für die Missionen. Die Hilfe des Gebetes zuerst und vor allem. Die Bekehrung der Welt ist kein menschliches Werk. Um es auszuführen – Wir fühlen und bekennen es – genügt kein Schatz rein menschlicher und irdischer Mittel. Dieses himmlische, übermenschliche, göttliche Werk kann seine erste Triebkraft, seine ausreichende Hilfe nur von Gott erhalten. Deshalb hat unser Herr Jesus Christus auf aller Lippen das Gebet gelegt: ‚Zu uns komme dein Reich!' Der Wahlspruch, das Feldgeschrei aller Missionäre ist das Gebet um alle jene Güter, die die Kirche schon empfangen hat und weiterhin empfangen will: ‚Zu uns komme dein Reich!' Wir verlangen für das Missionswerk ferner den Beitrag des Gedankens, des Rates, der persönlichen Mitarbeit und auch des Geldes. Indem Wir von diesen Hilfeleistungen sprechen, haben Wir das sicherste Vertrauen, von allen erhört zu werden. Würden Wir dieses Vertrauen nicht im Herzen hegen und aussprechen, so kämen Wir einer elementaren Pflicht der Dankbarkeit gegen den barmherzigen Gott und viele gute Menschen nicht nach: Wir meinen damit die Wohltätigkeit der Gläubigen auf der ganzen Welt, besonders der Bischöfe und des Klerus. Wir reden so, weil Wir die Pflicht und das Bedürfnis fühlen, ein Wort des Dankes dafür zu sagen, dass Wir fortwährend die Unterstützung aller so herrlich erfahren dürfen. Je mehr die Bedürfnisse sich vervielfältigen und vergrößern, umso freigebiger und reicher lässt Uns die Liebe das Almosen zufließen. Wir stehen wahrhaftig vor einem ununterbrochenen Wunder der menschlichen Nächstenliebe und der göttlichen Vorsehung."[11]

Den Schluss der Rede bildete die offizielle Eröffnung der Ausstellung, an die sich die Begehung der Säle durch den Papst anschloss. Besonderes Interesse zeigte Pius XI. an den Exponaten über Kardinal Guglielmo Massaia O.F.M. Cap., den Apostel der Galla[12] in Äthiopien; dabei hatte es ihm der berühmte Gehstock des Kapuzinermissionars besonders angetan, den dieser, wenngleich nicht ganz konform mit dem Protokoll, auch zu Audienzen bei Papst Leo XIII. mitnahm. Bei der Rückkehr durch die Ausstellungsräume hielt der Papst

---

[11] Walter, P. Gonsalvus O.F.M. Cap.: Missionsausstellung im Vatikan. In: Seraphisches Weltapostolat, St.-Antonius-Druckerei München 1925
[12] Heute besser bekannt als Omoro, die größte ethnische Gruppe in Äthiopien.

noch einmal vor dem Bild von Kardinal Massaia inne und offenbarte den Grund für sein besonderes Interesse: „Wir haben ihn persönlich gekannt."[13]

In seiner Schilderung der Eröffnungsfeier nennt P. Gonsalvus Walter die Rede „im Zusammenhang mit der Eröffnung der Ausstellung eine der bedeutendsten Kundgebungen des Papsttums zugunsten der Mission". Es werde bei feierlichster Gelegenheit wieder einmal betont, dass alle Katholiken die Pflicht hätten, am Missionswerk mitzuhelfen.

Trotz des auch sonst sehr reichhaltigen Programmes des Heiligen Jahres 1925, das unter anderem zahlreiche Selig- und Heiligsprechungen sah, gab es viel Publikumszulauf und die Ausstellung erwies sich als großer Erfolg. P. Alfred Rembold S.J. berichtete: „Von morgens neun Uhr bis abends halb sieben wird die Ausstellung täglich von Tausenden besucht. Am letzten Sonntag (19. April) waren es über 5000. Und allen gehen dabei Augen und Herz weit auf für die Größe und Bedeutung des katholischen Missionswerks. (...) Priester sind eifrig dabei, sich mit den nötigen Notizen das Material für Vorträge über die Ausstellung zu sammeln. Die einzige Klage, die man immer wieder hört, ist, dass man von dem ganz unerschöpfbaren Reichtum einfach überwältigt wird. Man müsste Tage und Wochen haben, um jeden der 26 großen Säle eingehend studieren zu können. Man fühlt die Einzigartigkeit der gebotenen

---

[13] Walter, P. Gonsalvus O.F.M. Cap.: Missionsausstellung im Vatikan. a.a.O.

Gelegenheit. Und jedermann erklärt hocherfreut, dass der Erfolg der Vatikanischen Missionsausstellung das große Ereignis des heiligen Jahres 1925 ist."[14]

Am 10. Januar 1926 fand die offizielle Schlussfeier der Missionsausstellung statt. Dabei zog der Papst Bilanz und sagte unter anderem: „Es war kein Erfolg ohne Frucht, sondern ein wirksamer, reich an wohltätigen Wirkungen. Vorstellungen sind geklärt, erweitert, zum ersten Male in den Geist so vieler, auch Gebildeter, hereingetragen worden, sie haben sich einen neuen Begriff von der unbegrenzten Ausdehnung, der Abgrundtiefe, der weltumspannenden Weite des Missionswerkes bilden können."[15]

Die Ausstellung wurde später auf Wunsch von Pius XI. als festes Missionsmuseum im Lateran eingerichtet, bevor es in den 1970er Jahren unter dem Namen „Ethnologisches Museum Anima Mundi" Teil der Vatikanischen Museen wurde. Es verfügt aktuell über 80.000 Exponate.[16]

---

[14] Rembold, P. Alfred S.J..: Der Erfolg der vatikanischen Missionsausstellung. In: Die katholischen Missionen, Xaverius-Verlagsbuchhandlung, Aachen 1925
[15] Graf, P. Hieronymus O.F.M. Cap: Der Vatikanischen Missionsausstellung Schlussfeier. In: Seraphisches Weltapostolat, St.-Antonius-Druckerei München 1925
[16] https://m.museivaticani.va/content/museivaticani-mobile/en/collezioni/musei/museo-etnologico/museo-etnologico.html

Bei der Eröffnungsrede von Kardinal van Rossum (nicht im Bild).

Der Papst (1) mit Kardinal van Rossum (2), Erzbischof Marchetti Selvaggiani (3), dem Vorsitzenden des Comitato Direttivo, und Msgr. Nogara (4), Sekretär der Ausstellung.

Die Statue von Kardinal Massaia.

Figuren in der japanischen Sektion.

2,5 m hoher Buddha aus einer kantonesischen Pagode.

Bibliothek der Missionausstellung mit Statue der Mutter Gottes als „Sitz der Weisheit".

Die Missionsenzyklika *Rerum ecclesiæ*

Im großen Jubeljahr 1925 veröffentlichte Pius XI. am 11. Dezember die bekannte Enzyklika *Quas Primas* über das soziale Königtum Christi und knüpfte darin an seinen päpstlichen Wahlspruch „Pax Christi in Regno Christi" – der Friede Christi im Reiche Christi – an. Der Papst lehrt, dass es kein sichereres Fundament für Frieden gibt als die Bemühungen um das Reich des Herrn. In der Enzyklika erwähnt er auch den Erfolg der Missionsausstellung: „So hat die öffentliche Missionsausstellung Geist und Sinn der Menschen sehr ergriffen. Man sah dort, wie die Kirche durch unermüdliche Arbeit das Reich ihres Bräutigams von Tag zu Tag weiter ausbreitet, auf alle Länder, auf alle Inseln, mögen sie noch so weit entfernt im Ozean liegen; man sah die große Zahl der Gebiete, die mit viel Schweiß und Blut tapferster und unermüdlicher Missionare dem katholischen Glauben gewonnen wurden; man sah aber auch, welch weite Gebiete es noch der heilsamen und milden Herrschaft Unseres Königs zu gewinnen gilt."[17]
Wenige Monate später, am 28. Februar 1926, erschien mit *Rerum ecclesiæ gestarum* die erste umfassende Missionsenzyklika eines Papstes. Dr. Christian Schreiber, Bischof von Meißen, hob in einer Predigt über diese Enzyklika hervor, dass die beiden genannten Lehrverkündigungen Pius' XI. in engem Zusammenhang stehen: „Es ist euch bekannt, andächtige Christen, dass der Hl. Vater

---

[17] https://www.stjosef.at/dokumente/quas_primas.htm

im Anschluss an sein Rundschreiben über Christi Königtum vom 11. Dezember 1925 eine Kundgebung zur „Förderung der heiligen Missionen" am 28. Februar 1926 an den katholischen Erdkreis gerichtet hat. Beide Rundschreiben bilden ein Ganzes. Im ersten wird das Königsrecht Christi auf alle Menschen des Erdkreises dargetan, im zweiten werden alle Katholiken des Erdkreises zur Ausbreitung der Königsherrschaft Christi in der Heidenwelt aufgefordert."[18]

Zunächst geht der Papst darauf ein, wie die römischen Päpste stets Sorge trugen um die Ausbreitung des Glaubens unter den nichtchristlichen Völkern und betont die besondere Missionspflicht des Stellvertreters Christi: „Wer immer aber auf Erden von Gott zum Statthalter Jesu, unseres obersten Hirten, bestellt wurde, der darf sich wahrlich nicht damit zufriedengeben, die seiner Leitung anvertraute Herde des Herrn nur zu schützen und zu bewahren. Im Gegenteil. Er würde eine Hauptpflicht seines Amtes vernachlässigen, wollte er es sich nicht mit allem Eifer angelegen sein lassen, die abseits und draußen Stehenden Christo zu gewinnen und anzugliedern." Dabei hebt er besonders die erfreulichen Erfolge seit Erscheinen des Apostolischen Schreibens *Maximum illud* seines Vorgängers hervor.

---

[18] Schreiber, Dr. Christian: Missionspredigt im Anschluss an die Missionsenzyklika Pius XI. vom 28. Februar 1926. Thema: Unsere Missionspflicht und deren Erfüllung. In: Priester und Mission 1927. Jahrbuch der Unio cleri pro missionibus. Aachener Missionsdruckerei A.G., Aachen 1927

Die zwei Grundgedanken der Enzyklika sind die Hilfe in der Heimat und die direkte Arbeit in den Missionen.[19] Angesprochen sind dabei zunächst die Bischöfe, für die als Nachfolger der Apostel gemeinsam mit dem Papst in erster Linie Christi Auftrag „Geht hin in alle Welt und predigt allen Geschöpfen das Evangelium" (Mk 16, 15) gilt. So erwartet der Statthalter Christi „fleißige Mitwirkung" am Missionswerk von den Bischöfen der katholischen Welt. Sie sind es, die den Missionsgeist von Klerus und Gläubigen fördern sollen. So mögen die Bischöfe dem Rosenkranz und gemeinsamen Andachtsübungen ein Gebet für die Bekehrung der Heiden anfügen lassen. Besonderen Wert legt der Papst darauf, dass dies zu einer regelmäßigen Gewohnheit wird, besonders unter Ordensleuten und der Jugend in katholischen Bildungseinrichtungen, denn „was könnte unschuldigen und rein lebenden Seelen der himmlische Vater abschlagen und verweigern? Und wenn die Kinder sich gleich beim ersten Aufblühen der Gottesliebe daran gewöhnen, für das ewige Heil der Ungläubigen zu beten, so dürfen wir anderseits auch zuversichtlich hoffen, dass in dem zarten kindlichen Herzen unter dem Walten der göttlichen Vorsehung leicht ein stilles Sehnen nach dem Apostolatsberufe wach wird. Wenn man das sorgfältig hegt und pflegt, so schenkt es uns vielleicht im Laufe der Zeit

---

[19] Van der Velden, Josef: Missionsruf des Hl. Vaters Pius XI. in seiner Encyclika „Rerum ecclesiae gestarum" vom 28. Februar 1926. In: Priester und Mission 1926. Jahrbuch der Unio cleri pro missionibus. Aachener Missionsdruckerei A.G., Aachen 1926

Arbeiter, die für das apostolische Amt recht wohl tauglich sind."

Besonderes Motiv des Missionseifers ist die Gottes- und Nächstenliebe: „Wenn diejenigen, die zum Schafstalle Christi gehören, sich gar nicht kümmern wollten um alle die andern, die außerhalb der Hürde unglücklich umherirren – wie wenig vertrüge sich das mit der Liebe, die wir Gott dem Herrn und allen Menschen schulden. Es ist wahrlich nicht notwendig, des längeren darüber zu reden. Es fordert ja unsere Pflicht der Gottesliebe, dass wir nach Kräften die Zahl derjenigen vergrößern, die ihn kennen und anbeten ‚in Geist und Wahrheit' (Joh 4, 24). Es fordert ja unsere Pflicht der Gottesliebe weiterhin, dass wir möglichst viele Menschen der Herrschaft unseres liebenden Erlösers zuführen, damit umso reicher der „Nutzen seines Blutes" werde (Ps 29, 10). Und dass wir immer mehr ihm zu Willen sind, ihm, dem gar nichts willkommener sein kann, als dass ‚alle Menschen gerettet werden und zur Erkenntnis der Wahrheit gelangen' (1 Tim 2, 4).

Christus selbst hat eben dies als das besondere und eigentliche bleibende Kennzeichen seiner Jünger hingestellt, dass sie einander lieben sollen (Joh 13, 35; 15, 12): können wir denn eine größere und schönere Liebe unsern Nächsten erweisen, als wenn wir Sorge tragen, sie der Finsternis des Unglaubens zu entreißen und mit dem rechten Glauben Christi vertraut zu machen?"

Des Weiteren sollen die Bischöfe besonders vor dem Hintergrund der durch den Weltkrieg bedingten Personalnot in den Missionen in ihren Diözesen die

Missionsberufe fördern. Dabei sollen sie auch nicht ängstliche Rücksicht auf ihren eigenen Priestermangel nehmen, da die Lage in den Missionsländern deutlich ungünstiger ist. Einen besonderen Beweggrund für großzügige Unterstützung von Missionsberufungen sieht der Papst im Segen des Himmels: „Wo ihr nämlich einen Helfer und Mitarbeiter verliert, da wird der göttliche Stifter der Kirche ganz gewiss für Ersatz sorgen: dadurch, dass der Strom von Gnaden sich reichlicher in das Bistum ergießt, oder dadurch, dass neue Berufe zum heiligen Dienste geweckt werden."

Der Heilige Vater wünscht, dass zudem überall der Priestermissionsbund eingeführt bzw. gefördert werde. Die Missionsliebe soll unter dem Klerus so zunehmen, „dass kein Geistlicher ist, dem die Flamme dieser Liebe fehlt". Zur heimatlichen Unterstützung der Missionen hebt der Papst besonders die Bedeutung des Werks der Glaubensverbreitung zur materiellen Unterstützung der Missionen, des Kindheit-Jesu-Vereins zum Loskauf aus der Sklaverei und zur katholischen Erziehung von Kindern in den Missionsländern sowie des Werks des hl. Petrus zur Heranbildung eines eingeborenen Klerus hervor.

Im nächsten großen Teil der Enzyklika wendet sich der Papst an die Missionsoberen, die Apostolischen Vikare und Apostolischen Präfekten. Der wesentliche Teil dieses zweiten Abschnitts behandelt die Erziehung eines einheimischen Klerus und die Errichtung einer einheimischen kirchlichen Hierarchie mit eigenen Bischöfen. Pius XI. erkennt zunächst an, dass bereits mancherorts die Heranbildung eines einheimischen Klerus begonnen hat, diese jedoch hinter dem erforderlichen Maß zurückbleibt. Er schließt sich der Klage Benedikts XV. in *Maximum illud* an, dass es in den Missionen Völker gibt, die schon seit Jahrhunderten katholisch sind und sich einer hohen Kultur erfreuen, aber dennoch noch keine eigenen Bischöfe und Priester hervorgebracht haben. Darum sollen sich die Missionare nach den Aposteln richten, die für die Ämter in der Urkirche ebenfalls Eingeborene berufen haben. Pius XI. führt verschiedene Beispiele an, weshalb ein einheimischer Priester gegenüber dem ausländischen Missionar im Vorteil ist: Er stammt aus dem Volk, beherrscht dessen Sprache bis in ihre Feinheiten und ist mit dessen Art vertraut. Auch ist er bei politischen Umwälzungen im Missionsland vor einer etwaigen Ausweisung geschützt – der Papst spielt hier wohl auf die Folgen des Ersten Weltkriegs für das Missionspersonal an. Auch weist er auf die Priesternot in Europa hin, die ebenfalls wächst, besonders, wenn man wünscht, die Nichtkatholiken Europas zu bekehren.

Darum macht der Papst den Missionsoberen die Heranbildung eines einheimischen Klerus zur strengen Pflicht: „Das ist (...) nicht Unser Wunsch, sondern vielmehr Unser Wille und Befehl: Was hie und da von einigen bereits begonnen ist, das ist von allen Missionsleitern in ähnlicher Weise ins Werk zu setzen, damit ihr keinen einzigen eingeborenen jungen Mann, der zu guter Hoffnung berechtigt, vom Priestertum und Apostolat zurückzuhalten braucht, vorausgesetzt freilich, dass er von Gott angeregt und berufen wurde." Die

Missionsoberen sollen die Seminaristen „sorgfältig zur Heiligkeit eines echt priesterlichen Lebenswandels" heranbilden und erziehen und ihnen eine umfassende wissenschaftliche Bildung verschaffen. Dadurch sollen sie nicht nur Anerkennung in vornehmen und gebildeten Kreisen finden, sondern vor allem dazu befähigt werden, einmal eigenständig Pfarreien und Bistümer zu führen. Ganz falsch wäre es, die Einheimischen für stumpfsinnig zu halten; vielmehr würden die Kleriker aus den Missionsländern, die am Propagandakolleg in Rom studieren, ihre europäischen Mitbrüder teils überflügeln. Im Anschluss mahnt der Papst eindringlich zur gegenseitigen Liebe: „Das ist ein Grund mehr dafür, dass ihr die eingeborenen Priester nicht geringer einschätzen und nicht nur zu niedrigeren Dienstleistungen heranziehen lassen dürft, als besäßen sie nicht dieselbe Priesterwürde, und als wären sie nicht genau desselben apostolischen Berufes teilhaftig. Im Gegenteil, ihr müsst sie besonders lieb im Auge behalten, denn sie sollen einmal die Kirchen, die ihr mit Schweiß und Mühe gegründet habt, sowie die zukünftigen Christengemeinden leiten. Darum darf zwischen den europäischen und eingeborenen Missionaren gar kein Unterschied gemacht und gar kein Trennungsstrich gezogen werden, sondern die einen sollen mit den andern in Hochschätzung und Liebe innig verbunden sein."

Auch das Ordensleben möchte der Papst in den Missionen begünstigt wissen. So sollen die Ordensoberen in den Missionen es den Eingeborenen nicht verwehren, in ihre Gemeinschaft einzutreten, sofern sie geeignet sind.

Möglicherweise wäre nach Abwägung der Sachlage eine Gründung einer neuen einheimischen Ordensgemeinschaft, die den Anlagen der Einheimischen besser entspricht, ratsamer. Gleichzeitig regt Pius XI. auch dazu an, die beschaulichen Orden in die Missionen zu verpflanzen, „denn diese Einsiedler werden in ganz wundersamer Weise die Fülle himmlischer Gnaden euch und euren Arbeitern vermitteln". Nicht zuletzt haben viele Missionsvölker eine besondere Veranlagung zur Stille und zum betrachtenden Gebet, wofür der Papst als Beispiel ein großes Trappistenkloster im Apostolischen Vikariat Peking nennt, dessen ca. 100 Mönche zu großen Teilen Chinesen sind[20].

Der Papst spricht sich auch für eine tiefgreifendere Ausbildung von einer größeren Anzahl von Katechisten aus, die, da sie die Katechumenen auf die hl. Taufe vorbereiten, gründliche pädagogische Kenntnisse mitbringen und eine vorbildliche Lebensführung an den Tag legen sollen.

Gegen Ende der Enzyklika gibt der Heilige Vater noch einige praktische Mahnungen und Weisungen; so sollen möglichst alle Teile eines Missionsgebietes gleichmäßig pastoriert werden und kein zu starker Zentralismus Fuß fassen, der den Hauptsitz des Vikariats oder der Präfektur zu Ungunsten der anderen Missionsstationen bevorzugt. Besonders befürwortet er auch die Gründung höherer Schulen, die durch Bildung einer Elite günstigen

---

[20] Gemeint ist die Trappistenabtei Notre Dame de la Consolation in Yangjiaping bei Peking, die 1947 von den Kommunisten zerstört wurde. 33 Mönche fanden in der Gefangenschaft den Tod.

Einfluss auf die Bekehrung des gesamten Volkes nehmen soll.

Der Papst schließt damit, die missionarischen Unternehmungen der Katholiken Maria, der Königin der
Apostel, „die die gesamte Menschheit auf Kalvaria ihrem
mütterlichen Schutze anempfohlen bekam" anzuemp-
fehlen.

Soweit die Zusammenfassung. Die Bedeutung der Enzyklika für das katholische Missionswesen kann nicht
hoch genug eingeschätzt werden; sie festigt das Fundament der neuen Missionsära, die mit dem Rundschreiben *Maximum illud* von Benedikt XV. eingeleitet wurde,
die Epoche der einheimischen Kirche. Diese Entwicklung soll in den folgenden Kapiteln näher beleuchtet
werden. Pius XII. nimmt bei seiner Analyse des Fort-
schritts der Missionen *Rerum ecclesiæ* als Ausgangs-
punkt, als er im Jahr 1951 zum 25. Jubiläum der Veröffentlichung dieser Enzyklika seine eigene
Missionsenzyklika *Evangelii præcones* an die Kirche
richtet und dabei auf die großen Erfolge zurückblickt, die
in den letzten 25 Jahre die katholischen Missionen ge-
prägt hatten und die zu einem bedeutenden Teil noch in
die Regierungszeit Pius' XI. fielen. Pius XII. unter-
streicht dabei, dass *Rerum ecclesiæ* ebenso wie *Maximum illud* lehrt, dass das Endziel der katholischen Mis-
sionsaktivität die Errichtung der kirchlichen Hierarchie
ist. Hierin besteht wohl der bedeutendste und weitrei-
chendste Aspekt der Missionslehre von Pius XI.; er klärt
deutlicher als je zuvor die Frage des wahren Missionsbegriffs: „Was ist, so fragen wir, der Zweck der Missionen,

was anders, als dass durch sie in der großen, weiten Welt die Kirche Christi eingeführt und fest gegründet wird?". Indem er der Kirchengründung den Vorrang gegenüber der Einzelbekehrung gibt, steht Pius XI. im Einklang mit den Lehren der Missionswissenschaft des frühen 20. Jahrhunderts sowie mit namhaften Theologen wie Augustinus, Thomas von Aquin, Suarez und Bellarmin.[21] Mehr noch: durch seine Forderung nach einem einheimischen Episkopat und dessen tatkräftiger Förderung sollte er das Erscheinungsbild und die Struktur der Weltkirche bis auf den heutigen Tag prägen.

Pius XI. und der einheimische Episkopat

Nur wenige Monate nach Veröffentlichung von *Rerum ecclesiæ* ernannte der Papst die ersten drei Chinesen zu Bischöfen. Zwei von ihnen, der Lazarist Melchior Sun und der Franziskaner Odorich Simon Cheng, waren bereits im Jahr 1924 von Pius XI. zu Apostolischen Präfekten[22] von Präfekturen ernannt worden, die dem chinesischen Klerus übertragen worden waren. Nun sollten diese Präfekturen zu Apostolischen Vikariaten erhoben werden. Die Ernennung zum Stellvertreter des Papstes – denn dies ist der Apostolische Vikar

---

[21] Freitag, P. Dr. Anton S.V.D.: Die neue Missionsära. Steyler Verlagsbuchhandlung, Kaldenkirchen 1953
[22] Apostolische Präfekten sind Prälaten, zu jener Zeit waren sie jedoch in der Regel keine Bischöfe.

rechtlich – geht mit der Ernennung zum Titularbischof und dem Empfang der Bischofsweihe einher.

Am 15. Juni 1926 richtete Pius XI. das Schreiben *Ab ipsis pontificatus primordiis* an die Apostolischen Vikare und Präfekten Chinas, das als Erweiterung der Missionsenzyklika zu betrachten ist.[23] Der Papst kündigte darin an, dass es bald einheimische Bischöfe geben würde und ging auf ein großes Hindernis für die Missionstätigkeit der Kirche in China ein: die nationalistischen Vorurteile gegen die katholische Religion als „ausländische Religion". Unter dem häufigen Aufflammen von Fremdenhass im Reich der Mitte und den (teils militärischen) Reaktionen der europäischen Mächte, die die Abneigung der Chinesen gegen alles Fremde häufig nur weiter anfachten, hatten die Missionen gerade im 19. und im frühen 20. Jahrhundert – hier besonders während des Boxeraufstands mit seinen zahlreichen katholischen Märtyrern – viel zu leiden. Der Papst wünschte diese nationalistischen Irrtümer zu widerlegen, da gerade die Laien in China Gefahr liefen, von ihnen irregeleitet zu werden:

„Die Kirche widersetzte sich (...) immer jedem Eindringen des weltlichen und nationalistischen Geistes in ihre Diener, vor allem aber bei jenen, die in ihrem Namen ausgesandt waren, das Evangelium zu verkünden; damit sie ‚das suchen, was Jesu Christi ist' und ‚den Namen Jesu vor Heiden und Könige tragen', also nur die

---

[23] Graf, P. Hieronymus O.F.M. Cap: Der Heilige Stuhl für China. In: Seraphisches Weltapostolat, St.-Antonius-Druckerei München 1926

ewigen Interessen der Seelen und der Ehre Gottes suchen. (...) Die Kirche hat niemals erlaubt, dass ihre Missionen als politische Werkzeuge irdischen Mächten dienen. Die Kirche passt sich, wie die Geschichte der Jahrhunderte beweist, jeder Nation, jeder Regierung an. Sie hat gepredigt und predigt den Gehorsam gegenüber der gesetzmäßig konstituierten staatlichen Autorität. Sie verlangt für ihre Missionäre und Gläubigen nur Freiheit, Sicherheit und gemeines Recht.

Es ist in der Tat evident, dass jede Regierung kraft eigenen Rechtes in jedwedem Lande ihre Untertanen und deren Eigentum beschützen darf und muss und daher auch die Missionäre und ihre Anstalten, besonders in Zeiten der Verfolgung und Bedrängnis. Indem der Heilige Stuhl diesen Schutz angenommen hat, will er damit nur verstanden haben, dass die Missionen gegen Ungerechtigkeit und Willkür Übelwollender geschützt werden, nicht aber, dass politische Bestrebungen damit begünstigt werden, welche die verschiedenen, den Schutz ausübenden Regierungen allenfalls hegen könnten, indem sie ihre bevorrechtigte Lage ausnützen."[24]

Für den 28. Oktober 1926 war die Weihe von nun insgesamt sechs chinesischen Bischöfen[25] im Petersdom in Rom geplant, die der Papst selbst spenden wollte. Papst Pius XI. hatte dafür den Jahrestag seiner eigenen

---

[24] Ebd.
[25] Es waren die bereits genannten Bischöfe Sun und Cheng sowie Msgr. Philipp Zhao, Msgr. Joseph Hu C.M., Msgr. Aloysius Chen O.F.M. und Bischof Simon Zhu S.J., somit ein Weltpriester und 5 Ordenspriester.

Bischofsweihe, das Fest der heiligen Apostel Simon und Judas, ausgewählt. Am Vorabend der Bischofsweihe wurden den Weihekandidaten ihre Bischofsstäbe vom Zentralrat des Werkes St. Peter für die Heranbildung eingeborener Priester überreicht. Msgr. Celso Costantini, der Apostolische Delegat von China, nahm vor Ort die Weihe dieser bischöflichen Insignien vor.

Unter Teilnahme zahlreicher weltlicher und kirchlicher Würdenträger sowie von chinesischen Studenten aus Paris und Löwen, die auf Ehrenplätzen die heiligen Handlungen beobachten konnten, fand die Konsekration am Morgen des 28. Oktober statt. Nach Vollendung der Weihehandlungen predigte der Papst:

„Ehrwürdige Brüder!

Die feierlichen Handlungen sind nunmehr beendigt, mit denen Wir Euch bei den Reliquien der Apostel die Fülle des Priestertums verliehen haben. Damit dieses Ereignis Euch umso angenehmer und Uns umso leichter in Erinnerung sei, wollten Wir diese am selben Tage verleihen, an welchem sie vor sieben Jahren uns selbst verliehen worden ist. Für diese Gnade danken Wir mit Euch, ehrwürdige Brüder, vor allem und werden Wir immer danken: Gott, dem Geber alles Guten.

Wir können weder Unseren Jubel zurückhalten, noch Unsere Freude verbergen, von der wir alle im Hinblick darauf erfüllt sind, zum ersten Male in dieser Stadt Rom vom römischen Papste eingeborene Bischöfe des chinesischen Klerus zum erhabenen Amt befördert zu sehen, ihrer Heimat das Reich des Königs Christus zu bringen und auszubreiten. Wir begrüßen diese Weihe als einen überaus glücklichen Anfang mit dem Wunsche, recht bald auch anderwärts dasselbe Vorhaben zum Erfolg gebracht zu sehen.

Was nun Euch, ehrwürdige Brüder, anbelangt, so haben Wir Euch in diese ewige Stadt, die Haupt und Zentrum der Religion ist, bestellt und berufen, um Euch unter dieser so großen und geheiligten Majestät der St. Peterskirche zu weihen, damit Ihr, mit der bischöflichen Würde ausgestattet und mit der heiligen Inful geschmückt, von hier aus in Euer Vaterland zurückkehret, von hier aus, sagen Wir, von wo die apostolische Quelle immer lebendig und ohne Unterbrechung ausgeht. Ihr kamet hierher, um Petrus zu sehen; und von Ihm habt Ihr nun den Hirtenstab erhalten, dessen Ihr Euch zu bedienen habt, um die Herde Eures Schafstalles zu sammeln. Petrus hat Euch, wie Ihr gesehen habt, umarmt, Euch, die Ihr nicht geringe Hoffnung bereitet, den katholischen Glauben bei Euren Mitbürgern zu verbreiten. Diese Eure Landsleute, die Euer so ungeheuer großes Vaterland bewohnen, das von ältesten Zeiten an durch Pflege der Wissenschaft und der schönen Künste sich hervorgetan hat, haben einmütig die Maßnahme des Heiligen Stuhles belobigt und sie haben – ganz besonders jene aus ihnen, die der Religion nicht ferne stehen und vor allem die Katholiken – Euch mit Beweisen der Freude und der Anhänglichkeit überschüttet und Euch bei Eurer Abreise nach Rom beifällig begrüßt. Tragt nun also die bischöfliche Würde und die mit ihr verbundenen Mühen auf eine Art und Weise, dass sie Unseren Erwartungen und denjenigen Eurer Völkerschaften entsprechen und Ihr so der Kirche einen neuen kräftigen Spross schenket. In dieser feierlichen Stunde kann und muss jenes Wort unseres Herrn Jesus Christus, unseres Schöpfers, Erlösers und Obersten Hirten, als an Euch gerichtet gelten: ‚Erhebet Euer Haupt und schaut die Länder, diese unermesslichen Länder, die euer sind, sie reifen schon für die Ernte' und weiter: ‚Geht auch ihr in meinen Weinberg' und ferner: ‚Gehet hin, lehret, unterrichtet, taufet, segnet: ich habe euch auserwählt, damit ihr hingehet und Frucht bringet und eure Frucht bleibe.' Fiat, Fiat!"[26]

China stand mit dieser Weihe am Anfang eines großen Wandels hin zur einheimischen Hierarchie. Waren es im Jahr 1924 erst zwei chinesische Prälaten, die beiden genannten Sun und Cheng, standen im Berichtsjahr 1936/1937[27] von den 135 Missionsgebieten im Reich der Mitte 23 unter Leitung des einheimischen Klerus. Zudem gab es bereits einen chinesischen Erzbischof: Paul Yü Pin wurde 1936 Oberhirt der damaligen chinesischen Hauptstadt Nanking.[28] Thomas Tien S.V.D., der unter Pius XII. zum ersten einheimischen Kardinal aus den Missionen werden sollte, wurde 1934 Apostolischer Präfekt. Im Jahr 1933 weihte Papst Pius XI. noch einmal zwei chinesische Bischöfe in Rom. Als in den frühen 1950er Jahren die letzten ausländischen Missionare

---

[26] Graf: Der Heilige Stuhl für China. a.a.O.
[27] Heinen, P. Adolf S.J.: China. Stand der Gesamtmission. In: die katholischen Missionen, 66. Jahrgang, Nr. 7, L. Schwann, Düsseldorf 1938
[28] Freitag: Die neue Missionsära. a.a.O.

durch die Kommunisten aus China verbannt worden waren und die Katholiken Chinas in den Untergrund gezwungen wurden, bewahrheitete sich die Analyse des Papstes in seiner Missionsenzyklika, dass eine Kirche mit einem einheimischen Klerus Verfolgungen besser standhalten kann. Die romtreuen Bischöfe Chinas führten und führen die chinesischen Katholiken durch die anhaltende Unterdrückung durch den kommunistischen Staat und setzen das sakramentale Priestertum fort.

Schon im Jahr 1927 sollte auch Japan seinen ersten einheimischen Bischof erhalten. Zwar war die japanische Kirche im Vergleich zur chinesischen deutlich kleiner, konnte aber gerade in Nagasaki[29], dem Sitz des ersten einheimischen Bischofs, Msgr. Januarius Hayasaka, auf eine jahrhundertelange Geschichte zurückblicken. Besonders durch den Glaubensmut und das Martyrium der Christen von Nagasaki ist sie weithin bekannt. Hayasaka hatte vor seiner Ernennung sechs Jahre lang in Rom studiert und erfüllte somit die Forderung von Pius XI. nach einem wissenschaftlich gebildeten einheimischen Klerus.

Am 30. Oktober 1927, dem Christkönigsfest und zugleich dem letzten Tag des Franziskusjahres, spendete Papst Pius XI. auch diesem einheimischen Priester am Altar der Kathedra Petri die Bischofsweihe. Zu diesem

---

[29] Nagasaki war bereits seit 1891 Bistum und bis zur Weihe Msgr. Hayasakas unter der Leitung der Mitglieder des Pariser Missionsseminars, aus deren Mitte auch die ersten drei Apostolischen Vikare bzw. Bischöfe stammten.

Anlass hielt er auch wieder eine kurze, aber bewegende Predigt:

„Hochwürdiger Mitbruder! Kaum ein Jahr nach der Weihe der sechs chinesischen Bischöfe haben Wir dir als dem ersten japanischen Schüler der Propaganda in diesen heiligen Tempelhallen die ganze Fülle der priesterlichen Würde übertragen. Wir meinen zu fühlen das Wehen des Geistes eines heiligen Franz Xaver, des großen Glaubensboten deiner Heimat, und der Seelen so vieler Märtyrer, die für ihren Glauben in deiner Heimat geblutet. Wir hören sie frohlocken in diesem großen Augenblick, der so viel bedeutet, so viel für Priester und Volk des großen japanischen Reiches und für die ganze katholische Welt.

Es ist ein entscheidender Augenblick. Deine Weihe zum Bischof ruft nicht nur deine Brüder auf zur Nachfolge im Priestertum, sondern eröffnet ihnen weite Ausblicke, mit der bischöflichen Würde ausgezeichnet, Hirten und Führer des Volkes zu werden.

Aus mehr als einem Grunde haben wir dich hierher geladen zur Feier der Handauflegung, hier in die heilige Stadt, an das Grab der Apostelfürsten. Als erster Bischof aus dem japanischen Volke sollst du, von uns gesendet, vom Brennpunkt des katholischen Lebens aus, zurückkehren in deine Heimat. Die Liebe, die Wir dir erweisen, gilt auch den Priestern und Missionären deiner Heimat; geehrt und belohnt sollen sein in dir all die edlen Männer und Frauen, welche seit 1889 an der Heranbildung des einheimischen Klerus arbeiten. Ferner soll es sein eine Kundgebung Unserer aufrichtigen Anerkennung der so hochstehenden Kultur des japanischen Volkes und seiner Ehrfurcht vor dem katholischen Glauben.

Große Hoffnungen setzen Wir auf das japanische Volk, welches jene herrlichen Charaktergestalten hervorgebracht, die fest und treu an ihrem katholischen Glauben hingen. Hell leuchtet der Name der Glaubenshelden, welche vom 17. bis zum 20. Jahrhundert, wo den Missionären das Betreten des Landes verweigert war, in der Verborgenheit, ohne Priester, so stark dem katholischen Glauben treu geblieben.

So ist es ein Tag besonderer Festesfreude für Uns und für dich, mein lieber Mitbruder. Ist ja der Tag deiner bischöflichen Weihe das Fest, an dem auf der ganzen Erde Christus als König gefeiert wird. Die Ausbreitung des Reiches Christi unter deinem Volk wird von heute an deine Lebensaufgabe bleiben. Je mehr du dich dieser Aufgabe weihest, desto reicher werden dir die Früchte sprießen, um so hingebender werden die Apostel aus deiner Schule hervorgehen.

Ein verheißungsvolles Zusammenfallen will es, dass diese hehre Weihefeier verbunden ist mit dem feierlichen Schluss des franziskanischen Jubeljahres. Von apostolischem Eifer erfüllt, ist der große Patriarch von Assisi der „Herold des großen Königs" geworden, und in ihm sollst du deinen mächtigen Patron und Fürsprecher mitnehmen. Der ganze Erdkreis hat in bewundernswerter Weise und mit solch herrlichen Erfolgen an der Jahrhundertfeier teilgenommen, und darum senden Wir heute heiße Dankgebete zum großen gütigen Gott zum Abschluss des Jubeljahres.

Mit so glücklichen Vorbedeutungen sollst du, hochwürdiger Mitbruder, heimziehen zur reichen Ernte. Der
Herr der Ernte wird deine Arbeit segnen und fördern.
Auch in der Ferne, weit weg vom Grabe der Apostelfürsten und von Uns, wird der Segen des heiligen Petrus mit
dir gehen, und Unsere Liebe und Unser Gebet soll dich
geleiten. So hegen Wir die freudige Hoffnung, dass du,
hochwürdiger Mitbruder, als erster japanischer Spröss-
ling auf japanischem Bischofsstuhl, nach Jesu Wort
‚Frucht bringest, und deine Frucht bleibe'. Amen."[30]

Wie in China sollte nach einigen Jahren auch in Japan
ein einheimischer Bischof der Hauptstadtdiözese vorstehen. So wurde Petrus Doi 1938 zum Erzbischof von To-
kio ernannt und von seinem französischen Vorgänger,
Msgr. Chambon M.E.P., dort zum Bischof geweiht.

Auch in anderen Teilen der Welt wurde eine wach-
sende Zahl an Missionsgebieten und Diözesen der Leitung einheimischer Geistlicher übergeben. Noch vor den
chinesischen Bischöfen war Msgr. Francis Tiburtius Roche S.J. im Jahr 1923 zum Bischof von Tuticorin ernannt
und in Indien geweiht worden. Weitere indische Bischöfe folgten Ende der 1920er.

Beim Tod Pius' XI. gab es bereits 48 einheimische Bischöfe[31]. Das Wachstum setzte sich auf diesen günstigen
Grundlagen während der Regierungszeit von Pius XII.
fort, der auch die ersten einheimischen Kardinäle kre-
ierte.

---

[30] Graf, P. Hieronymus O.F.M. Cap: Festtag in Rom. In: Seraphisches
Weltapostolat, St.-Antonius-Druckerei München 1928
[31] Freitag: Die neue Missionsära. a.a.O.

Die sechs neugeweihten chinesischen Bischöfe konzelebrieren
die Messe mit Papst Pius XI.

Die chinesischen Bischöfe mit Kardinal van Rossum (Mitte), Erzbischof Marchetti Selvaggiani (4. von links) und Erzbischof Costantini (4. von rechts).

Msgr. Januarius Hayasaka, Bischof von Nagasaki

Msgr. Roche S.J. (rechts) mit Erzbischof Lépicier

Päpstliche Mahnungen zur Schaffung eines afroamerikanischen Klerus

Unter der afroamerikanischen Bevölkerung Nordamerikas machte sich nach dem Ersten Weltkrieg, besonders ausgehend von den aus Europa heimkehrenden afroamerikanischen Soldaten, ein größerer Ruf nach Gleichberechtigung bemerkbar. Auch schwarze Katholiken in den USA, eine verschwindende Minderheit in ihrer Volksgruppe, die zu großen Teilen verschiedenen protestantischen Bekenntnissen oder gar keiner organisierten Religion angehörte, ließen diese Rufe gegenüber der kirchlichen Hierarchie lauter werden.

Zu Beginn des Ratti-Pontifikats gab es nur eine Handvoll afroamerikanischer Priester in der katholischen Kirche. Selbst die Josephiten[32], eine Gründung des späteren Kardinal-Erzbischofs von Westminster, Herbert Vaughan, die von seiner Mill-Hill-Missionsgesellschaft abgetrennt wurde und sich ausschließlich der Bekehrung der schwarzen Bevölkerung der USA widmen sollte, hatte die Ausbildung afroamerikanischer Seminaristen eingestellt. Die Bischöfe der USA, deren Land noch unter Pius X. selbst rechtlich als Missionsland galt, konzentrierten sich darauf, die eigenen Strukturen zu festigen. Neben der Seelsorgsarbeit unter der durch Einwanderung deutlich gewachsenen katholischen Bevölkerung europäischer Abstammung und einer recht erfolgreichen Indianermission fand die Bekehrung der

---

[32] Englisch *Society of St. Joseph* oder *Josephites*

Schwarzen kaum Beachtung. Die meisten Bischöfe standen dieser Frage indifferent und kühl gegenüber. Dass
„die Kirche eingestandenermaßen viel zu lange auch
nach der Emanzipation 1863 [der Sklavenbefreiung] mit
der Missionierung [der Afroamerikaner] gesäumt hat"[33]
war vermutlich auch die Einschätzung von Pius XI., der
sich diesem Problem nach der Veröffentlichung von
Rerum ecclesiæ mit großer Zähigkeit widmete – entge-
gen den Widerständen vieler amerikanischer Bischöfe
und Priester.

Durch die Veröffentlichung von *Maximum illud*
durch Benedikt XV. war wieder mehr Bewegung in die
Frage eines Seminars für schwarze Kandidaten gekommen, die die schwarze Bevölkerung nach ihrer Weihe
seelsorglich betreuen sollten. Die Gesellschaft des Göttlichen Wortes (Societas Verbi Divini, S.V.D., besser bekannt als Steyler Missionare), gegründet vom heiligen
Arnold Janssen, eröffnete im Jahr 1923 in Bay St. Louis
im US-Bundesstaat Mississippi das Seminar St. Augustine, das mit der Ausbildung afroamerikanischer Priester betraut wurde. Der Ortsbischof Richard Gunn, ein
gebürtiger Ire, war zwar gegen einen schwarzen Diöze-
sanklerus, wollte aber eine Ausbildungsstätte für
schwarze Ordenspriester in seinem Bistum ermöglichen.
Papst Pius XI. drückte dem Steyler Generalsuperior Wilhelm Gier am 5. April 1923 in einem Schreiben seine
Freude über die Errichtung des Seminars aus und betonte: „Wenn wir gründliche und nützliche Arbeit auf

---

[33] Freitag: Die neue Missionsära. a.a.O.

diesem Gebiet [Bekehrung der Afroamerikaner] voll-
bringen wollen, so ist es unerlässlich, dass Priester der
gleichen Rasse es sich zur Lebensaufgabe machen, ihre
Landsleute zum christlichen Glauben und zu einer höhe-
ren Kultur zu führen."[34] Mit dem neuen Bischof Richard
Gerow (ab 1924) hatte das Seminar einen Freund und
Förderer, der als einer der wenigen Bischöfe der Süd-
staaten sich die Ausbildung eines afroamerikanischen
Klerus zur Herzenssache machte. Er war es auch, der am
23. Mai 1934 die ersten vier Priester des Seminars
weihte, die anschließend in verschiedenen schwarzen
Gemeinden in Mississippi und Arkansas eingesetzt wurden.

Der Apostolische Delegat in den USA, Pietro Fumasoni Biondi, späterer Kardinalpräfekt der Propaganda
Fide ab 1933, bereiste im Jahr 1926 nach der Veröffentlichung von *Rerum ecclesiæ* zunächst die schwarzen Kir-
chengemeinden im Süden und später im ganzen Land,
wobei er die Bischöfe zu ihrer Einstellung gegenüber
schwarzen Priestern befragte. Der Apostolische Delegat
hatte zwar keine Weisungsbefugnis gegenüber den amerikanischen Bischöfen, doch war er das maßgebliche
Sprachrohr für den Wunsch des Papstes nach einem
schwarzen Klerus. Pius XI. hatte Fumasoni Biondi laut
dem Josephitenpater Welbers aufgetragen, „jegliche Ungerechtigkeit gegenüber Schwarzen" zu berichten. Die
Positionen der amerikanischen Bischöfe änderten sich,

---

34 Gesellschaft des Göttlichen Wortes: 75 Jahre im Dienste des Göttlichen Wortes. Gedenkblätter zum 75jährigen Jubiläum des Steyler
Missionswerkes. Steyler Missionsdruckerei 1950

wenn auch langsam. Auch die Josephiten sahen sich nun dazu veranlasst, trotz interner Widerstände die Ausbildung schwarzer Priester wieder zu verfolgen. Der damalige Obere der Josephiten, P. Louis Pastorelli, erhielt im Januar 1926, kurz vor Veröffentlichung der Enzyklika, eine Audienz beim Papst und besprach mit diesem die Missionsarbeit unter den Afroamerikanern und die Schaffung eines schwarzen Klerus. Er behauptete, dass der Papst in letzterer Frage seine Position, eine völlig passive [35], ja grundlegend ablehnende, gutgeheißen hätte. Doch zwei Jahre später wurde klar, dass der Papst ausdrücklich die Förderung des schwarzen Klerus wünschte. Pastorelli schrieb am 12. Oktober 1928 an einen Mitbruder, der den alten Kurs weiterverfolgen wollte: „Rom verlangt nun Handlungen. Wir können nicht tatenlos herumstehen und nur zusehen. Wir müssen der Situation begegnen, wie sich die meisten unserer Patres bewusst sind." Jedoch sollte es noch bis 1941 dauern, bis der erste schwarze Josephit geweiht wurde.[36]

Trotz der erheblichen Schwierigkeiten, die von Seiten des amerikanischen Episkopats und durch die weit verbreiteten rassistischen Vorurteile in der amerikanischen Bevölkerung der Bildung eines afroamerikanischen Klerus entgegenstanden, konnte Pius XI. mit seiner Unterstützung die Weichen für einen zahlreicheren schwarzen

---

[35] Zu dieser Zeit ließen die Josephiten nur ganz vereinzelt hellhäutige Afroamerikaner als Kandidaten zu.
[36] Stephen J. Ochs: Desegrating the Altar. The Josephites and the Struggle for Black Priests 1876–1960. Louisiana State University Press, Baton Rouge und London 1990. Eigene Übersetzungen der Zitate.

Klerus stellen, der im Fall der Steyler Patres auch in den Missionen in Afrika und Papua Neu-Guinea tätig war. So wurde Joseph Bowers S.V.D., der im Januar 1939, kurz vor dem Tod des Papstes, in Bay St. Louis zum Priester geweiht worden war und später als Missionar in Ghana wirkte, 1953 der erste schwarze Bischof[37], der in den USA konsekriert wurde. Er war als Oberhirte der Hauptstadt Accra eine bedeutende Figur im öffentlichen Leben des jungen unabhängigen Ghana, wo er eine weibliche Ordensgemeinschaft gründete. Nach einiger Zeit in der Karibik, darunter auf seiner Heimatinsel Dominica, kehrte er in den 1990er Jahren nach Ghana zurück. Er starb dort am 6. November 2012 im Alter von 102 Jahren. Er hatte fast 80 Jahre lang als Missionar gewirkt.[38]

---

[37] James Augustine Healy, der im 19. Jahrhundert Bischof von Portland (Maine) war, hatte zwar schwarze Vorfahren, galt aber in den Augen der Öffentlichkeit nicht als Schwarzer. Sein Vater war Ire, seine in die Sklaverei geborene Mutter hatte schwarze und weiße Vorfahren.

[38] https://www.divineword.org/obituaries/josephbowers/

Die Missionsmitarbeiter des Papstes

Kardinal Willem van Rossum

„Die Geschichtsforscher einer späteren Zeit werden versuchen, aus den Akten der päpstlichen Behörden festzustellen, wie sich das Verdienst um die mächtige Aufwärtsentwicklung der katholischen Heidenmission unserer Zeit auf die Päpste Benedikt XV. und Pius XI. einerseits und ihren Propagandapräfekten andererseits verteilt. Es wird ihnen nicht gelingen. Der fortlaufende unmittelbare, mündliche Gedankenaustausch zwischen den Päpsten und ihren nächsten Ratgebern birgt in sich selbst zu viel Möglichkeiten, als dass aus seinen ersten den Akten anvertrauten Ergebnissen noch mit Sicherheit geschlossen werden könnte, auf wessen Seite im einzelnen Falle die Initiative war."[39]

Diese Worte von Msgr. David sind umso zutreffender, da sie in erster Linie auf Willem Kardinal von Rossum C.Ss.R. bezogen sind, der sowohl unter Papst Benedikt XV. als auch bis zu seinem Tod im Jahr 1932 unter Papst Pius XI. Propagandapräfekt war und durch seine großen Verdienste um die Kongregation als „zweiter Gründer der Kongregation de Propaganda Fide" bezeichnet wurde.

---

[39] David, Msgr. Dr. Emmerich: Zum goldenen Priesterjubiläum Sr. Eminenz des. Hochw. Herrn Kardinals van Rossum, Präfekten der Propaganda. In: Priester und Mission 1929. Jahrbuch der Unio cleri pro missionibus. Aachener Missionsdruckerei A.G., Aachen 1929

Der Redemptoristenpater van Rossum kam im Jahr 1895 nach Rom, nachdem er sich in seiner niederländischen Heimatprovinz als frommer Ordensmann und ausgezeichneter Theologe erwiesen hatte. Kurz zuvor war er, obwohl er noch kein besonderes Interesse an den Missionen gezeigt hatte, für das neue Apostolat der Redemptoristen in Brasilien bestimmt worden; jedoch kam es nicht zur Entsendung.[40]

In Rom arbeitete er als Konsultor des heiligen Offiziums weitgehend im Verborgenen, doch es waren sicher seine Verdienste im Modernistenstreit, die Papst Pius X. dazu bewogen, ihn als ersten Niederländer seit der Reformation mit dem Kardinalspurpur zu bekleiden.[41] Er gehörte zu den Kardinälen, die das neue Kirchenrecht von 1917 ausarbeiten sollten, und wurde ab 1914 Vorsitzender der Bibelkommission und 1916 Kardinal-Großpönetentiar. Papst Benedikt rief ihn 1918 von diesem Posten ab, um ihn zum Präfekten der Propagandakongregation zu machen. Wohl war es auch seine Staatsangehörigkeit, die den Missionspapst Benedikt, dem nationalistisches Ansinnen unter Missionaren abhold war, dazu bewog, sich für van Rossum zu entscheiden. Da die Niederlande im Weltkrieg neutral geblieben waren, war

---

[40] Poels, Vefie: "A desire to become what they were": Willem Van Rossum as a Redemptorist before his Roman years (1873-1895). In: Spicilegium Historicum Congregationis SSmi Redemptoris. Annus LXII 2014 Fasc. 1. Collegium S. Alfonsi in Urbe. Rom 2014
[41] Siehe dazu auch den nicht unvoreingenommenen Artikel „Der Glaubenswächter van Rossum. Willem Marinus van Rossum im Heiligen Offizium und in der Indexkongregation" von Otto Weiss in Spicilegium Historicum Congregationis SSmi Redemptoris.

es einfacher für ihn, die heikle Lage der Weltmission, die durch die Ausweisung bzw. Internierung deutscher und österreichischer Missionare aus vielen Kolonien der Siegermächte veranlasst worden war, diplomatisch zu manövrieren. Es lag nahe, dass er ohne nationale Vorurteile die Rückkehr der deutschsprachigen Glaubensboten in ihre Missionen unterstützen würde.

Das erste größere Projekt, an dem Kardinal van Rossum unter Pius XI., der den Niederländer auch nach seiner Thronbesteigung im Amt ließ[42], mitwirkte, war die Ausarbeitung einer neuen Verfassung des Vereins der Glaubensverbreitung und dessen Umsiedlung nach Rom, wo er fortan als Teil der Propagandakongregation seinen Sitz haben sollte. Zu seinem 100-jährigen Bestehen war es an der Zeit, dass der Verein von Lyon[43] nach Rom umzog und ein internationaleres Gepräge erhielt. Lange war Frankreich die Nation, die den Großteil der Missionsausgaben durch Spenden deckte, weshalb der Verein oft als französische Einrichtung verstanden wurde und bei anderen Völkern nicht denselben Anklang fand. Zugunsten des Missionswerkes sollte eine internationale Leitung eingesetzt werden. Zu diesem Zweck veröffentlichte Pius XI. am 3. Mai 1922 das Motu proprio *Romanorum Pontificum*, durch das der Verein

---

[42] Ein Schritt, der nicht selbstverständlich ist.
[43] Der Verein der Glaubensverbreitung wurde 1822 von der jungen Französin Pauline Jaricot gegründet. Seine Mitglieder verpflichteten sich zum täglichen Missionsgebet und zur Spende von 1 Sou pro Woche. Der Verein wuchs bedeutend und wurde zur Stütze zahlreicher Missionen. Der Seligsprechungsprozess von Pauline Jaricot ist eingeleitet und ihr heroischer Tugendgrad bereits anerkannt.

ein päpstliches Werk mit Sitz im Propagandapalast wurde, wobei dessen Generalrat, der die Landesräte vertritt, direkt der Propagandakongregation untersteht. Der Generalsekretär wird von der Kongregation auf Vorschlag des Generalrates ernannt. Auch wichtigere Entscheidungen des Generalrates bedürfen der Bestätigung durch die Propaganda.[44] In der Folge führte das Werk der Glaubensverbreitung im Jahr 1926 mit Gutheißung der Ritenkongregation den *Sonntag der Weltmission* am vorletzten Sonntag im Oktober als jährlichen internationalen Tag für Gebet und Spende für die Missionen ein.

Bereits im Jahr 1923 besprach Papst Pius XI. den Plan der großen Missionsausstellung mit Kardinal van Rossum, und beauftragte diesen, die Gutachten aller in Rom vertretenen Missionsorden einzuholen. Bei einem Treffen mit dem Kardinalpräfekten am 20. Oktober 1923 befürworteten die Ordensoberen die Initiative des Papstes einstimmig. Kardinal van Rossums Aufgabe war es auch, das Zentralkomitee aus zwölf römischen Prälaten unter dem Vorsitz des Propagandasekretärs Msgr. Marchetti Selvaggiani zusammenzustellen und Schreiben an Bischöfe, Ordensobere und Missionsobere auf der ganzen Welt zur Unterstützung des Projekts zu richten.[45]

---

[44] Anonym: Die neue Verfassung des Vereins der Glaubensverbreitung. In: Die katholischen Missionen, Herder-Verlagsbuchhandlung, Freiburg 1922
[45] Walter, P. Gonsalvus O.F.M. Cap.: Missionsausstellung im Vatikan. In: Seraphisches Weltapostolat, St.-Antonius-Druckerei München 1925

Die Propagandakongregation hat unter anderem das Recht, Missionssprengel zu errichten, diese zu teilen, die Missionsoberen zu ernennen sowie Apostolische Visitationen anzuordnen und die Berichte auszuwerten.[46] Somit war Kardinal van Rossum auch maßgeblich an der Errichtung der einheimischen Hierarchie beteiligt. Selbst konsekrierte er eine Reihe von Missionsbischöfen und Apostolischen Delegaten in den Missionsländern, die für gewöhnlich zu Titularerzbischöfen ernannt wurden. Van Rossum errichtete die Apostolischen Delegaturen in China, Japan, Süd- und Zentralafrika. Seine organisatorische Tätigkeit wird in einem Brief näher veranschaulicht, den Kardinal van Rossum am 6. August 1919, während des Pontifikats von Papst Benedikt XV., an die Leitung des Kapuzinerordens bezüglich organisatorischer Veränderungen in den indischen Missionen richtete: „Um das große und schwere Wirken der Evangelisierung, welches dort in Indien vollbracht werden soll, zu erleichtern, hat die Heilige Kongregation es für nützlich gehalten, einen seit langen Jahren gehegten Plan auszuführen und eine neue Diözese zu errichten, welche umfasst das ganze Gebiet der gegenwärtigen Präfektur Bettiah mit dem Königreich Nepal und außerdem den östlichen Streifen der Diözese Allahabad, welcher südlich des Ganges liegt.

Die neue Diözese wird von Patna den Namen nehmen, wenn auch Bankipur als deren Sitz bestimmt wird. Die

---

[46] Funk, P. Josef S.V.D.: Einführung in das Missionsrecht. Veröffentlichung des Missionspriesterseminars St. Augustin, Siegburg, Nr. 3. Steyler Verlagsbuchhandlung Kaldenkirchen 1958

Präfektur Bettiah ist jetzt ganz der Missionäre beraubt, indem die guten Tiroler Patres während des Krieges von dort entfernt wurden, und deren Rückkehr nicht leicht vorauszusehen ist. Darum hat die Heilige Kongregation die Patres Jesuiten der Provinz Maryland in den Vereinigten Staaten eingeladen, die neue Diözese zu übernehmen und so durch ihre Arbeit und Mittel dazu beizutragen, jenen großen Teil des Missionsfeldes zu pflegen. Zugleich spendet der Kardinal im Auftrage Ihrer Eminenzen den Mitgliedern der obenerwähnten Kongregation [der Tiroler Kapuziner] das gebührende Lob für das apostolische Werk, das die Missionare des Ordens vollbracht."[47]

Auch am großzügigen Neubau des Propagandakollegs („Urbaniana") für Kleriker aus den der Propagandakongregation unterstehenden Ländern auf dem Gianicolo in Rom hatte Kardinal van Rossum bedeutenden Anteil.

Ein besonderes Anliegen waren dem Kardinal die nordischen Missionen; die skandinavischen Länder unterstanden damals noch der Propaganda. So visitierte er persönlich die nordischen Länder einschließlich Islands und konnte noch kurz vor seinem Tod dem ersten Eucharistischen Kongress in Kopenhagen vorstehen, der im August 1932 veranstaltet wurde. Im Jahr 1927 rief er die *Agenzia Fides* (Deutsch: Fidesdienst) ins Leben, das offizielle Nachrichtenorgan der Propagandakongregation. Auch unterstützte er die MIVA, die

---

[47] Braun, P. Joseph O.F.M. Cap.: Die Mission der Tiroler Kapuziner. In: Seraphisches Weltapostolat, St.-Antonius-Druckerei München 1925

Missionsverkehrsarbeitsgemeinschaft, die den katholischen Missionaren bis zum heutigen Tag Transportmittel wie Boote, Autos, Motorräder und auch kleinere Flugzeuge bereitstellt. Sie war 1927 vom Oblatenmissionar P. Schulte in Deutschland gegründet worden. Das Missionsärztliche Institut in Würzburg wurde ebenfalls von van Rossum gefördert.

Aber auch auf privater und seelsorglicher Ebene wirkte er für die Missionen: In der kleinen Wallfahrtskirche *Kapel in't Zand* im niederländischen Roermond hinterließ er eine Votivkachel, die viermal so groß war wie die üblichen Kacheln und mit besonderen Gebetsintentionen für die Missionen beschriftet war.[48] In Rom spendete er dem japanischen Sänger Riozo Okuda, der in der Ewigen Stadt zum Glauben gefunden hatte, die heilige Taufe und reichte ihm die erste heilige Kommunion.

Kardinal Willem van Rossum starb am 30. August 1932 in Maastricht. Sein Grabdenkmal in der Kapelle des Redemptoristenklosters von Wittem zeigt den Kardinal umgeben von Priestern aus verschiedenen Völkern.

Kardinal Pietro Fumasoni Biondi

Zu van Rossums Nachfolger wurde Pietro Fumasoni Biondi, der im Jahr 1933 auch die Kardinalswürde erhielt. Der gebürtige Römer unterrichtete zu Beginn

---

[48] Poels: "A desire to become what they were". a.a.O.

seiner priesterlichen Laufbahn an der Urbaniana und war Mitarbeiter in der Propaganda, bis ihn Papst Benedikt XV. im Jahr 1916 zum Titularerzbischof und Apostolischen Delegaten für Indien ernannte. Vom damaligen Propagandapräfekten Kardinal Serafini wurde er in der Kapelle der Urbaniana zum Bischof geweiht. Eine seiner Amtshandlungen in seiner dreijährigen Zeit in Indien war die Verlegung des Sitzes der Delegatur von Kandy auf Sri Lanka ins südindische Madras, um so in besserem Kontakt mit dem katholischen Leben auf dem indischen Festland zu stehen. Im Jahr 1919 wurde die Apostolische Delegatur in Japan errichtet und Fumasoni Biondi als erster Delegat dorthin berufen. In dieser Rolle besuchte er alle Missionen in Japan und Korea, das damals unter japanischer Herrschaft stand. Er erfreute sich großer Beliebtheit in Japan und erhielt vom damaligen Kronprinzen und späteren Kaiser Hirohito den „Orden vom Heiligen Schatz". Von 1922 bis 1933 war er Apostolischer Delegat in den USA und befasste sich, wie weiter oben beschrieben, mit der Frage der Mission unter den Afroamerikanern.

Durch seinen Werdegang brachte er bei Amtsantritt mehr missionarische Kenntnisse und Erfahrungen mit als alle seine Vorgänger als Propagandapräfekten. Seine lange Amtszeit, die bis zu seinem Tod im Jahr 1960, also bereits in das Pontifikat Johannes' XXIII. reichte, setzte den unter van Rossum begonnenen Kurs fort und sah eine Vermehrung der Missionsgebiete sowie der einheimischen Bischöfe. Unter Pius XII. wurden die ersten Kardinäle aus den Missionsländern ernannt. Im Jahr

1936 wirkte er an der Veranstaltung des II. Internationalen Kongresses des Priestermissionsbundes mit und erließ am 2. Juli desselben Jahres nach Beratung mit Missionsbischöfen aus China und Rücksprache mit Papst Pius XI. neue Bestimmungen bezüglich der Chinesischen Ritenfrage.[49]

Kardinal Celso Costantini

Ein weiterer wichtiger Missionsmitarbeiter Pius' XI. war Kardinal Celso Costantini, der ähnlich wie die Kardinäle van Rossum und Fumasoni Biondi bereits unter Papst Benedikt XV. einen wichtigen Posten im Dienst der Weltmission innehatte. Costantini gehörte dem Pfarrklerus der Diözese Concordia in Venetien an und war im Weltkrieg Feldgeistlicher gewesen. Nach einigen Jahren als Generalvikar von Concordia ernannte Benedikt XV. ihn im August 1921 zum Titularbischof und am 24. August 1922 zum Apostolischen Delegaten in China und Titularerzbischof.

Dort entfaltete er ein reges Wirken: Er stand dem ersten chinesischen Plenarkonzil vor, das vom 15. Mai bis 12. Juni 1924 in Shanghai tagte, und an dem fast alle Bischöfe und Prälaten Chinas teilnahmen. Dabei wurde unter anderem eine größere Vereinheitlichung der Missionsmethode in China angestrebt. Am Ende des Konzils führte Msgr. Costantini die feierliche Weihe Chinas an

---

[49] Peters, Joseph: Die neuen Entscheidungen Roms zur Ritenfrage. In: Priester und Mission 1936. Jahrbuch des Priester-Missionsbundes. Rheinische Druckerei AG, Mönchen-Gladbach 1936

Maria, „Mutter der Gnade", in Zose, einem Wallfahrtsort außerhalb von Shanghai, durch.[50]

Zu Beginn des Bürgerkrieges zwischen Kommunisten und Nationalisten im Jahr 1927 richtete Erzbischof Costantini ein Schreiben an die Apostolischen Vikare Chinas, in dem er den von Benedikt XV. und Pius XI. betonten supranationalen Charakter der katholischen Missionen hervorhob: „Auch dieser Sturm wird wieder vorübergehen und Christen wie Heiden müssen wieder einmal aus der unwiderleglichen Macht der Tatsachen erkennen, dass unser einziger Leitgedanke ist nach den Worten des heiligen Paulus: ‚Diener und Verkünder Gottes zu sein, geduldig in der Zeit der Verfolgung‘; sie müssen erkennen, wie wir die wahren Freunde des Volkes sind; nichts liegt uns ferner, als die alten angestammten Rechte des chinesischen Volkes zu schmälern, wir kennen keine politische Partei, unsere Aufgabe war und bleibt, mit Wort und Tat mitzuarbeiten wie in den vergangenen Jahren am wahren Fortschritt, am Frieden und an der glücklichen Zukunft des chinesischen Volkes."[51]

Ähnliche Aussagen zugunsten einer eigenständigen nationalen Entwicklung Chinas machte er auch bei der Bischofsweihe von Petrus Cheng, die er am 2. Juli 1928 in Süanhwafu spendete: „China ist daran, eine

50 Weig, Georg S.V.D.: Das erste chinesische Plenarkonzil in Schanghai. In: Die katholischen Missionen, Xaverius-Verlagsbuchhandlung, Aachen 1925
51 Graf, P. Hieronymus O.F.M. Cap.: Wir halten aus! In: Seraphisches Weltapostolat, St.-Antonius-Druckerei München 1927

Wiedergeburt zu neuem Leben zu sehen. Die Chinesen sind im Recht, wenn sie sich erheben, um ihre volle Unabhängigkeit zurückzuerlangen und die ungerechten, aufgezwungenen Verträge zurückzuweisen. Der Heilige Vater hat immer mit den Chinesen auf dem Fuße der Gleichberechtigung verhandelt, ja er hat ihnen sogar Beweise seiner besonderen Liebe gegeben, so besonders durch die Weihe der chinesischen Bischöfe in Rom. Dieses Verfahren des Papstes hat den freudigen Beifall der Katholiken aller Länder gefunden, und die Reise der chinesischen Bischöfe durch Europa gestaltete sich zu einem wahren Triumphzug. Auch heute umringen die Vertreter von zehn Nationen ihren Mitbruder, ihr Oberhaupt, den neugeweihten chinesischen Bischof, um ihm den Zoll ihrer Liebe und Ehrerbietung zu bringen. Dabei spielen keine politischen Zwecke mit, der einzige Beweggrund, der uns alle hier leitet, ist die Liebe, die Ausbreitung des heiligen Evangeliums, die immer gleiche, unverrückbare Grundlage für das Wohl aller Völker."[52]

Auch in seiner bedeutenden Rede im Propagandakolleg in Rom, die er am 5. März 1931 zur schwierigen Lage der Missionen im Chinesischen Bürgerkrieg hielt, zeigte Costantini, dass es sich bei den genannten Taten und Kundgebungen nicht etwa um eine weltliche „Chinapolitik" des Heiligen Stuhls handelte, sondern um einen normalen Ausdruck des organischen Wachsens der

---

[52] Graf, P. Hieronymus O.F.M. Cap.: Weihe eines chinesischen Bischofs in China. In: Seraphisches Weltapostolat, St.-Antonius-Druckerei München 1927

katholischen Kirche durch ihre Missionsarbeit. Als Antwort auf einen pessimistischen Artikel eines amerikanischen Geschäftsmanns, der lange in China tätig war, sagte Msgr. Costantini: „Er redet von der Weihe der chinesischen Bischöfe, wie wenn sie ein Schachzug menschlich kluger Berechnung wäre. Das ist nicht richtig. Es handelt sich lediglich um die volle Ausführung der Missionsaufgabe, die so alt ist wie die Kirche selber. Schon im Jahre 1919 wurde die Aufmerksamkeit der Missionäre auf diesen Punkt gelenkt und auch auf die Weihe einheimischer Bischöfe hingewiesen. Genannter Schreiber verkennt den übernatürlichen Charakter der Missionen, der die Seele ist, die den ganzen göttlichen Organismus belebt. Missionär und Missionen bleiben unverstanden, wenn sie mit kaufmännischen oder diplomatischen Geschäften auf eine Linie gestellt werden."[53]

Der Apostolische Delegat wurde auch Ordensgründer: Im Jahr 1927 stiftete er den ersten chinesischen Männerorden, die „Jünger des Herrn" (*Congregatio Discipulorum Domini*), für Priester und Laienbrüder. Die Kongregation sollte sich, verbunden mit dem Streben nach Selbstvervollkommnung, der Glaubensverbreitung in China widmen. Besonders stand dabei das Studium der chinesischen Wissenschaften im Vordergrund, mit dem sie für die heidnischen Landsleute eine

---

[53] Costantini, Celso: Wider alle Hoffnung voller Hoffnung oder das Trauerspiel der Missionen in China. In: Seraphisches Weltapostolat, St.-Antonius-Druckerei München 1931

Brücke zum Christentum schlagen wollte.[54] Die Kongregation ist heute in Taiwan, Singapur, Indonesien, Malaysia und auch in Kanada vertreten.

Besonders förderte Msgr. Costantini die einheimische christliche Kunst. Dabei betonte er unter anderem die Weisungen der Propagandakongregation aus dem Jahre 1659, die forderte, die chinesische Kunst christlich zu machen und sich in der Bauweise von Kirchen an den einheimischen Geschmack anzupassen.[55] Selbst wohnte er nicht in einem Palast im europäischen Stil, sondern kaufte für seine Delegatur ein ehemaliges chinesisches Amtsgebäude, an dem dann christliche Symbole angebracht wurden.

Aus gesundheitlichen Gründen verließ Erzbischof Costantini China im Jahr 1931 und resignierte 1933. Nachfolger im Amt des Apostolischen Delegaten wurde Erzbischof Mario Zanin. Msgr. Costantini wurde zunächst Konsultor, dann Sekretär der Propaganda und setzte sich weiter für den einheimischen Klerus und die Verchristlichung der einheimischen Kunst der Missionsländer ein. Pius XII. ernannte ihn im Jahr 1953 zum Kardinal. Zudem war er Kardinalprotektor der von der heiligen Laura Montoya in Kolumbien gegründeten *Missionsgesellschaft von der Unbefleckten Jungfrau Maria und von der hl. Katharina von Siena.* Kardinal

---

[54] Graf, P. Hieronymus O.F.M. Cap.: Vom Wartturme. Aus Mission und Heimat. In: Seraphisches Weltapostolat, St.-Antonius-Druckerei München 1927

[55] Graf, P. Hieronymus O.F.M. Cap.: Das Rätsel von China. In: Seraphisches Weltapostolat, St.-Antonius-Druckerei München, 1928

Costantini starb am 17. Oktober 1958 in Rom. Im Jahr 2016 wurde sein Seligsprechungsprozess eingeleitet.[56]

Der selige Paolo Manna

Es gibt zweifellos noch viele Missionsmitarbeiter, auch aus den weiblichen Orden, deren Namen erwähnt zu werden verdienten – Gott hat sie für ihr Wirken sicher überreich belohnt. Es sei der Kürze wegen nur auf einen Missionar großer Heiligkeit und voll glühenden Seeleneifers eingegangen, den seligen Paolo Manna, Leiter des Mailänder Missionsseminars und Gründer des italienischen Priestermissionsbundes. Der ehemalige Birmamissionar war besonders in Italien der ständige Mahner für eine Vertiefung der Missionskenntnis unter den Priestern und eiferte auch seine Mitbrüder aus anderen Ländern als Hauptredner auf dem II. Internationalen Kongress des Priestermissionsbundes im Jahr 1936 an, einen größeren Einsatz für die Missionen zu zeigen.

Beharrlich setzte sich P. Manna dafür ein, dass in den Katechismen der Kirche Fragen zu den Missionen aufgenommen würden. So erschienen im Laufe des Pontifikats von Pius XI. die ersten Katechismen, die dieses Thema behandelten, und der Papst machte „die

---

[56] Miranda, Salvador: The Cardinals of the Holy Roman Church: https://cardinals.fiu.edu/bios1953.htm#Costantini

Missionskatechese im katholischen Unterricht" zur Missionsgebetsintention des Monats Mai 1938.[57]

Pater Paolo Manna starb am 15. November 1952. Papst Johannes Paul II. sprach ihn im Jahr 2001 selig.

„Seliger Paolo, du hast ein unstillbares Verlangen gezeigt, die Frohbotschaft zu verbreiten und der Kirche auf der ganzen Welt zu helfen, unserer missionarischen Berufung zu gedenken. Bitte, dass auch wir Eifer für die Missionen haben, für die Verbreitung des Wortes Gottes unter den Menschen in unseren Missionsgebieten, insbesondere unter den bedürftigsten. So bitten wir durch Christus unseren Herren."[58]

---

[57] Peters, Joseph: Die Missionskatechese im katholischen Unterricht. Zur Gebetsmeinung. Jahrbuch des Priester-Missionsbundes. Druck und Verlag von L. Schwann in Düsseldorf 1938

[58] https://glenmary.org/blessed-paolo-manna. Eigene Übersetzung.

Willem Kardinal van Rossum C.Ss.R.

Erzbischof Costantini bei seiner Rede am Propagandakolleg zur Lage der Missionen in China, 1931.

Der Apostolische Delegat und der Erzbischof von Milwaukee
in der Sankt-Benedikt-Mission.

Pietro Fumasoni Biondi (links) als Apostolischer Delegat bei einer Visitation der afroamerikanischen Pfarrei St. Benedict in Milwaukee.

Der selige Paolo Manna.

Verschiedenes

Neben den großen historischen Missionskundgebungen des Pontifikats Pius' XI. gab es noch weitere Verlautbarungen, Veranstaltungen und Gründungen, die ihr Entstehen entweder direkt dem Papst zu verdanken haben oder doch wenigstens mit seiner Gutheißung durchgeführt wurden und so seinen besonderen Segen hatten.

Löwener Missiologische Wochen

Im Jahr 1923 fasste der belgische Jesuit Pierre Charles den Entschluss, ein Seminar zu praktischen Missionsfragen an der Katholischen Universität Löwen zu veranstalten. Die ersten „Löwener Missiologischen Wochen" erhielten den Segen des Papstes, der betonte, dass die geplanten Tagesordnungspunkte ganz seinen Vorstellungen und denen seines Vorgängers Benedikts XV. entsprachen. Weiter zeigte er sich überzeugt, dass die gemeinsame Besprechung verschiedener Apostolatsmethoden praktische Folgen für die Arbeit der jungen Missionäre haben würden, die vor ihrer Aussendung standen. Durch Kardinal Mercier, den Erzbischof von Mecheln, ließ er den Kongressteilnehmern sein Wohlwollen ausdrücken.[59] Die letzten Missiologischen Wochen fanden im Jahr 1975 statt.

---

[59] Soetens, Claude: Pie XI et les missions. Influences et circonstances majeures (1922-1926). In: Achille Ratti pape Pie XI. Actes du colloque de Rome (15-18 mars 1989). École Française de Rome, Rom 1996

Missionspatrone und Seligsprechungen

Die heilige Thérèse von Lisieux war die erste Selige, die Pius XI. am 17. Mai 1925 heiligsprach, nachdem er sie bereits 1923 seliggesprochen hatte. Die berühmte und vielgeliebte Karmeliterin war eine eifrige Missionsliebhaberin; es war ihr Wunsch, zu den ersten klausurierten Karmeliterinnen zu gehören, die in Vietnam für die dortigen Missionen ein stilles Gebets- und Opferleben führen würden. Aus gesundheitlichen Gründen kam es nie zu ihrer Entsendung.

Wie viele andere Menschen erfuhren auch die Oblatenmissionäre im Norden Kanadas die Kraft der Fürbitte der „kleinen Blume" bei Gott. Die Mission unter den Inuit am Chesterfield Inlet hatte über Jahre keine Erfolge gebracht, sodass Bischof Ovide Charlebois O.M.I. die Mission bereits unterdrücken wollte. Auf die Fürbitte der Heiligen kam es zu einer Reihe von Bekehrungen, sodass Msgr. Charlebois im Jahr ihrer Heiligsprechung beschloss, eine Petition einzureichen, um sie vom Papst zur Patronin der Missionen erklären zu lassen. Aus anfänglichen 12 Unterschriften wurden am Ende 232 bischöfliche Unterzeichner aus der ganzen Welt, sodass Papst Pius XI. die heilige Thérèse zusammen mit dem heiligen Franz Xaver, dem großen Apostel Asiens, zur Patronin der Missionen erhob.

Unter den zahlreichen Seligsprechungen des Jubeljahres 1925 fanden sich auch mehrere Selige aus den Missionen, darunter die acht Märtyrer aus der

Indianermission der Jesuiten auf dem Gebiet der heutigen USA und Kanadas, 12 Märtyrer aus Korea, der selige Ghebre Michael, ein äthiopischer Mönch, der zur katholischen Kirche fand und deswegen von Schismatikern verfolgt und gemartert wurde, und die Paraguay-Missionäre Roque González, Alonso Rodríguez und Juan de Castillo.

Gratulationsschreiben zum 50-jährigen Bestehen der Gesellschaft des Göttlichen Wortes

Auf das Jahr 1925 fiel ebenfalls das 50-jährige Gründungsjubiläum der *Gesellschaft des Göttlichen Wortes* (besser bekannt als Steyler Patres). In einem Schreiben lobte der Heilige Vater den Missionseifer des großen Gründers St. Arnold Janssen: „Wir wissen wohl, mit welch apostolischem Eifer dieser gottinnige Mann den Namen Christi in die unermesslichen Heidenländer zu tragen strebte, ja es erregt Staunen, dass er, aller Hilfsmittel bar, an ein so schwieriges Werk mit solcher Tatkraft herantrat. Freilich vermochte er seine Schöpfung nur deshalb so segensvoll auszubauen, weil er sich einzig auf die Hilfe Gottes verließ und sich mühte, die Seinen zu einem gediegenen Tugendstreben anzuhalten und ihnen jenen Geist des Gebetes einzuflößen, von dem er selber erglühte. Denn davon war er ganz durchdrungen, dass der Seeleneifer nur aus der Frömmigkeit sprosst, diesem himmlischen Saatkorn (...) In Wahrheit kann man behaupten: diese Pflanzung stammt vom Vater im

Himmel."[60] Wie bereits weiter oben erwähnt war es auch die Steyler Missionsgesellschaft, die maßgebliche Schritte zur Umsetzung der Forderung von Pius XI. nach einem afroamerikanischen Klerus machte.

Italienische Missionsgaben-Ausstellung 1931

Es hatte sich im Laufe der 1920er Jahre in mehreren europäischen Ländern die Gewohnheit verbreitet, besonders Paramente für die Missionen zu sammeln bzw. herzustellen und diese vor ihrer Verschiffung in die Missionsländer der Öffentlichkeit zu präsentieren. Eine der größten derartigen Ausstellungen fand wohl im Jahr 1931 in Rom statt, bei der sich neben Paramenten und Kirchenbedarf – auch Tragaltäre und ein Mannborg-Harmonium waren dabei – allerlei Gebrauchsgegenstände, ja selbst Autos fanden. Veranstalter waren die Kaufleute und Industriellen Italiens, die diese Gaben, wie sie auf einem Banner im Ausstellungssaal bekannten, dem „Missionspapst" zu Ehren darbrachten. Der Papst nahm an der Eröffnung am 9. Oktober mit großer Freude über die vielen Sachspenden teil, sprach den Veranstaltern seinen Dank aus und spendete den Apostolischen Segen.[61]

---

[60] Volpert, Sr. Assumpta S.Sp.S.: Ein Rebenhang im Wahren Weinberg. Geschichte der Missionsgenossenschaft der Dienerinnen des Heiligen Geistes 1889–1951. Missionsdruckerei Steyl 1951
[61] Graf, P. Hieronymus O.F.M. Cap: Italienische Missionsgaben-Ausstellung. In: Seraphisches Weltapostolat, St.-Antonius-Druckerei München 1931

Die für 1942 geplante Missionskunstausstellung

Am 14. September 1937 wurde ein Apostolischer Brief des Papstes an Kardinal Fumasoni Biondi veröffentlicht, in dem Pius XI. seinen Propagandapräfekten mit der Organisation einer Missionskunstausstellung unter Einschluss der Kunst der orientalischen Kirchen betraute. Genutzt werden sollten die Pavillons der jüngst geschlossenen katholischen Presseausstellung, auf der auch das katholische Schriftwesen in den Missionsländern in großem Umfang vertreten gewesen war. Ziel der Missionskunstausstellung war es, der Welt die richtig verstandene Inkulturation, d. h. die Anpassung der Kirche an gesunde Bräuche und das Volksgemüt in den Missionsländern, zu veranschaulichen: „Die Ausstellung führt den Völkern den wahrhaft katholischen Geist der Kirche vor Augen, wie sie die alte Kunst und Kultur, die Gesetze und Bräuche eines jeden Volkes achtet und erhält, wenn sie dem Gesetze Gottes nicht widerstreiten. Die Kirche sucht seit alters mit dem hl. Paulus nichts anderes als die Seelen (2. Kor. 12, 14–15) und ist ,allen alles geworden' (1. Kor. 9, 22)."[62] Durch den Weltkrieg sollte diese Ausstellung, die zunächst für 1940, dann für 1942 angedacht war, erst im Jubiläumsjahr 1950 unter Pius XII. stattfinden.

---

[62] van der Velden, Josef: Die Ausstellung für einheimische christliche Kunst in den Missionsländern und der Kirche des orientalischen Ritus zu Rom im Jahre 1940. Jahrbuch des Priester-Missionsbundes. Druck und Verlag von L. Schwann in Düsseldorf 1938

Pius XI. bei der Eröffnung der Missionsgaben-Ausstellung der
italienischen Kaufleute im Jahr 1931.

Würdigung

Hat Pius XI. die hohen Ansprüche eines „Missionspapstes" erfüllt, die er an sich selbst gestellt hatte? Auf
der einen Seite hatte er viele günstige Voraussetzungen
für ein Wachstum der Missionen vorgefunden, als er den
Thron Petri bestieg. So kommentierte Msgr. Costantini
im *Osservatore Romano* vom 30. Januar 1938 anläss-
lich der geplanten Missionskunstausstellung: „(…) diese
Fortschritte sind zweifellos die Frucht weiter zurücklie-
gender Arbeiten"[63] – besonders der schon oft erwähnte
„erste" Missionspapst Benedikt XV. trug wesentlich zu
diesem Wachstum bei. Da es sich bei der Kirche, dem
mystischen Leib Christi, um einen lebenden Organismus
handelt, ist es auch nicht zu verwundern, dass die Stufen
ihres Wachstums und deren Ursachen mitunter sichtbar
ineinandergreifen, wie es beim harmonischen Übergang
vom Pontifikat Benedikts XV. zu dem von Pius XI. der
Fall war. Auch konnte Pius XI. auf eifrige Mitarbeiter
wie Kardinal van Rossum und Msgr. Costantini rechnen.
Gleichzeitig hätte aber ein weniger missionsbegeisterter
Papst angesichts der schweren globalen Verwerfungen,
die der Erste Weltkrieg nach sich zog, der Revolutionen,
des Sturzes verschiedener europäischer Monarchien
und der Weltwirtschaftskrise, nicht zuletzt der blutigen
Verfolgungen der Kirche in der Sowjetunion, in Mexiko
und in Spanien, um nur einige Beispiele zu nennen, wohl

---

[63] van der Velden, Josef: Die Ausstellung für einheimische christliche
Kunst in den Missionsländern und der Kirche des orientalischen Ritus zu Rom im Jahre 1940. a.a.O.

kaum mit solcher Energie wie Papst Pius XI. zugunsten der Weltmission gearbeitet. Die Zahl der Katholiken in den der Propaganda Fide unterstellten Gebieten wuchs in den Jahren 1922 bis 1939 von 12 Millionen auf 21,2 Millionen. [64] Doch es war nicht einmal das äußere Wachstum, was am „Missionspontifikat" Pius' XI. so bedeutend war, sondern die Art und Weise, wie die Kirche unter ihm wuchs: Erzbischof Costantini betont im obengenannten Artikel, dass es sich bei dieser Entwicklung nicht nur „um neue Impulse", sondern „um eine den Missionen gegebene neue Richtung" handelte, durch die es zu einer entscheidenden Neuausrichtung der Missionsarbeit gekommen war: der Gründung der einheimischen Hierarchie. War 1922 noch kein einziges Missionsgebiet dem einheimischen Klerus unterstellt, waren es beim Tode Pius' XI. 40 Gebiete.[65] Auch machte der Papst wie nie zuvor die Mission zur Angelegenheit aller Katholiken. Es mag scheinen, dass gerade die Missionsbegeisterung des Papstes diesen empfänglich machte für das Wirken des Heiligen Geistes, der der Kirche durch die Lehrtätigkeit des Papstes eine tiefere Erkenntnis des Missionsbegriffs vermittelte, wie sie in *Rerum ecclesiæ* zum Ausdruck kommt. Diese Vertiefung der Missionslehre wurde bereits zu seinen Lebzeiten von Missionswissenschaftlern als eine solche wahrgenommen. In einem Artikel in *Die katholischen Missionen* aus dem Jahr

---

[64] van der Velden, Josef: Blick aufs Missionsfeld. Notizen und Skizzen. Jahrbuch des Priester-Missionsbundes. Druck und Verlag von L. Schwann in Düsseldorf 1939
[65] Ebd.

1938 heißt es: „Wir erleben im Bereich der katholischen Propaganda nicht einen stürmischen Vorstoß, sondern die Entfaltung eines Dogmas, das noch nicht die ganze Weite und Größe seiner praktischen Lehren entfaltet hatte, des Dogmas der Universalität der Kirche. Die päpstliche Aktion kennzeichnet einen Fortschritt der Einsicht in dieses Dogma nach seinen praktischen Auswirkungen hin. So verkündete und betonte Pius XI. Grundsätze, die bisher manchen Ohren fremd klangen. Immer wieder sprach er von der Missionspflicht aller Gläubigen. Ihre Betätigung will der Papst wahrhaft allgemein machen (,Alle Gläubigen für alle Nichtgläubigen'). Gewiss ist die Pflicht der Missionshilfe des christlichen Volkes als göttliches Gesetz so alt wie das Christentum selbst. Aber nie hat die Kirche diese Missionspflicht so stark betont wie heute. (...) Pius XI. stellte die Missionsarbeit in der Denk- und Seinsordnung an die Spitze aller Formen des Apostolats. Die Kirche ist wesenhaft zur Ausbreitung bestimmt. Die Ausbreitung ist ihre erste Lebensbetätigung. Mission bedeutet aber Ausbreitung der Kirche über die Gebiete, wo diese noch nicht eingerichtet ist. Sie ist also die wichtigste und wesentlichste Ausbreitungstätigkeit der Kirche. (...) Nun wird auch ein tieferer Grund der Missionsverpflichtung des Papstes und seines Primates sichtbar. Der Papst hat die Aufgabe, als Nachfolger des Apostelfürsten wirksam die Universalität der Erlösungsaufgabe der Kirche zu sichern."[66] Bereits 1932 sagte Kardinal Salotti, zu jener Zeit Rektor des Propagandakollegs und Sekretär der Kongregation de Propaganda Fide: „Die Geschichte wird sich in Zukunft nicht darauf beschränken dürfen, Pius XI. den Papst der Missionen zu nennen. Sie wird ihm feierlich bezeugen müssen, dass er der Papst der größten Missionsentwicklung in den letzten Jahrhunderten war."[67]

Auch die Entwicklungen nach seinem Tod, die Weihe der ersten schwarzafrikanischen Bischöfe und die Ernennung von Kardinälen aus den Missionsländern durch Pius XII. waren eine Weiterführung der Missionsprinzipien Pius' XI. Somit ist Kardinal Salottis Einschätzung durchaus berechtigt. Pius XI. muss als Beispiel für päpstlichen Missioneifer in der Neuzeit betrachtet werden. Gerade im Zeitalter der Globalisierung verdient sein Denken, Wirken und Lehren nicht nur studiert, sondern von allen Katholiken auch praktisch umgesetzt zu werden. Dann wird das eintreten, was der Papst am 29. April 1938 den Generalräten der Päpstlichen Missionswerke sagte: „Glücklich Ihr, ja glücklich Ihr jungen Leute! Ihr, die Ihr schöne Dinge, große Dinge, wunderbare, überraschende Dinge sehen werdet. So viele Völker werden zur Kirche kommen, so viele Völker, die heute noch fern sind. Glücklich Ihr, die Ihr mitarbeiten könnt,

---

[66] Peters, Joseph: Die Missionskatechese im katholischen Unterricht. Zur Gebetsmeinung für den Monat Mai. In: Die katholischen Missionen. Druck und Verlag von L. Schwann in Düsseldorf 1938
[67] van der Velden, Josef: Blick aufs Missionsfeld. Notizen und Skizzen. In: Jahrbuch des Priester-Missionsbundes. Druck und Verlag von L. Schwann in Düsseldorf 1939

damit diese großen und wunderbaren Dinge Wirklichkeit werden!"[68]

Missionsgebet von Pius XI.

Jesus Christus, unser liebenswürdigster Herr! Um den Preis Deines kostbaren Blutes hast Du die Welt erlöst. Schau in Liebe herab auf die arme Menschheit! Zum großen Teil sitzt sie noch in der Finsternis des Irrtums, im Schatten des Todes. Lass ihr das Licht der Wahrheit in seiner ganzen Fülle leuchten! Herr, mehre die Zahl der Glaubensboten, gib ihnen feurigen Mut, befruchte und segne durch Deine Gnade ihren Eifer und ihre Mühen! Gib, dass durch ihr Wirken alle Ungläubigen Dich erkennen und sich bekehren zu Dir, ihrem Schöpfer und Erlöser! Führe die Irrenden zurück zu Deiner Herde, die Abtrünnigen in den Schoß der einen, wahren Kirche! Liebenswürdiger Heiland, beschleunige die glückliche Ankunft Deines Reiches auf Erden, ziehe alle Menschen an Dein gütiges Herz, damit alle auch einmal in der ewigen Seligkeit des Himmels teilnehmen dürfen an den unendlichen Segnungen Deines Erlösungswerkes. Amen.

---

[68] Freitag, P. Dr. Anton S.V.D.: Die neue Missionsära. Steyler Verlagsbuchhandlung, Kaldenkirchen 1953